我
们
一
起
解
决
问
题

电商运营管理实务丛书

电商采购

实战一本通

张贵泉 ◎ 著

电商选品 ✚ 成本把控 ✚
物流仓储 ✚ 供应链管理

人民邮电出版社

北京

图书在版编目（ＣＩＰ）数据

电商采购实战一本通：电商选品+成本把控+物流仓
储+供应链管理 / 张贵泉著. -- 北京：人民邮电出版社，
2021.5
（电商运营管理实务丛书）
ISBN 978-7-115-56275-3

Ⅰ. ①电… Ⅱ. ①张… Ⅲ. ①电子商务—研究 Ⅳ.
①F713.36

中国版本图书馆CIP数据核字(2021)第057242号

内 容 提 要

对于电商公司来说，采购很不容易，除了要找到好货源，还要谈出好价格。那么，电商公司如何才能做好采购工作呢？

本书从电商公司的实际工作出发，以采购为核心，从基础的市场调研切入，全面介绍了选品分析、成本控制、产品评估、供应商管理、价格谈判、签署合同、物流管理、仓储管理、库存控制及供应链管理等各个环节的工作，能够帮助读者充分了解和掌握电商采购工作的重点，并在实践过程中充分发挥自己的优势。

本书内容具有非常强的实用性，适合电商经营者、采购从业者及电商管理者阅读，也适合作为电商公司采购人员的实战培训指南和高等院校相关专业师生的教学参考书。

◆ 著 张贵泉
责任编辑 张国才
责任印制 胡 南

◆ 人民邮电出版社出版发行 北京市丰台区成寿寺路 11 号
邮编 100164 电子邮件 315@ptpress.com.cn
网址 https://www.ptpress.com.cn
涿州市般润文化传播有限公司印刷

◆ 开本：700×1000 1/16
印张：15.75 2021 年 5 月第 1 版
字数：180 千字 2025 年 8 月河北第 14 次印刷

定 价：69.80 元
读者服务热线：（010）81055656 印装质量热线：（010）81055316
反盗版热线：（010）81055315

推荐序

////////////

　　人们在追求消费升级的过程中带动了电商的迅猛发展，而电商为了满足消费者的个性化需求需要进行广泛的采购。《电商采购实战一本通》一书用通俗易懂的语言，围绕电商采购工作展开论述，系统全面地向读者介绍了电商采购的相关知识，意在帮助读者把握新时代的采购方法，做好采购工作。

　　本书结构清晰，从四个模块详细介绍了电商采购的具体流程，使读者能够充分了解和掌握电商采购的操作重点，并在实践过程中充分发挥自己的优势。

　　第一个模块是电商选品分析，这部分内容从市场调研及选品分析两个角度对电商选品方法进行论述，目的是通过一些方法与技巧帮助读者在采购过程中找到适合电商需要、能够吸引用户的产品。

　　第二个模块是成本把控，这部分内容从价格谈判、降低成本、供应商管理、签署合同等多个方面进行论述，目的是帮助读者解决在电商采购的具体环节和流程中会遇到的问题，并为读者提供可行的解决方案。

　　第三个模块是物流仓储，这部分内容从物流管理、仓储管理和库存控制三个方面对电商物流仓储的管理方法进行论述，目的是帮助读者科学地管理物流仓储，保证物料运输的时效性、产品存放的安全性与便捷性，以及对公司库存进行科学的控制，从而达到降低库存成本、提高物流效率、增强市场竞争力的目的。

第四个模块是供应链管理，这部分内容从较高的层面为读者展现了采购的供应链管理流程，目的是开阔读者的视野，让采购人员从大局出发，以产品采购为基础，通过规范采购定价和流程，与供应商建立良好的合作关系，最终形成稳定、优质的供应链。

总之，本书注重实用性和操作性，将电商采购流程中各方面的问题提炼出来，为读者提供了可借鉴的采购案例与可操作的采购工作方法，能够帮助电商公司解决采购选品、成本把控、物流仓储及供应链管理等具体问题。对于电商公司运营者、采购部门管理者、采购人员及想要学习采购知识和技能的人来说，这是一本不可多得的实战指南。

陈高铭

小米集团互联网业务部商业营销品牌总经理

前言

以前，采购被视为一项花钱的工作。在这种情况下，降低采购成本、减少开支、提高利润便成为电商公司追求的目标。实际上，采购作为电商公司的重要工作，保障了生产的顺畅和产品的质量，促进了电商公司各个环节的正常运行。

无论从理论的角度还是从实践的角度来说，采购对于电商公司的重要性都不可低估。如今，采购工作也确实受到了电商公司的重视，这项工作的质量决定了电商公司的竞争实力。

那么，什么样的采购才算合格呢？对于这个问题，每家电商公司的衡量标准也许不太一样，但综合来看，以下几项是最基本的要求：

（1）采购及时：在有订单的情况下保证货物及时发出；

（2）货源稳定：不能经常出现断货的现象；

（3）采购成本低：用合适的价格买到质量好的货物；

（4）供应商稳定：有长期合作的优秀供应商；

（5）合同风险低：不能掉进供应商的协议"陷阱"；

（6）仓储体系完善：有合理的仓库布局方案和货物储存规划；

（7）库存优化及时：定期盘点库存，严格控制库存成本；

（8）供应链管理水平高：能及时更新供应链，明确未来的发展方向。

以上几项要求虽然说起来很简单，但做起来并没有那么容易。面对这些基本要求，电商公司应该科学规划，从降本增效入手，真正把采购放在战略层面思考，只有这样才能让自己在市场竞争中占据有利地位。

本书围绕电商采购展开论述，对相关的采购知识和技术进行详细介绍，意在帮助读者做好采购工作。笔者基于自身的知识积累和多年的实践经验，为读者提供了一套兼具深度和广度的采购全流程方案。笔者希望读者可以从本书中获得有价值的启示和灵感，把握新时代的采购方法，掌握采购真谛，为企业提升市场竞争力做出应有的贡献。

目录

/////////

第1章

电商采购：爆款从哪里来

//////////////

　　每家电商公司都希望自己卖的产品是爆款，但大多数电商公司并不知道爆款是怎么来的。这是因为它们没有弄懂采购的"内情"。爆款的出现并非偶然，那些总能找到爆款的电商公司一定是把握住了流行趋势。在社交媒体十分发达的时代，流行趋势能快速变现，电商公司只有快速行动，才能搭上顺风车。

1.1　电商采购：站在时代风口的新模式

随着互联网走进千家万户，电商已经成为广受欢迎的新型经营模式。与传统的实体经营模式相比，电商的人工成本低，没有高昂的场地租金，不受时间和地域的限制，门槛低且极易入局。如果没有其他因素的影响，产品对电商的经营就变得越来越重要，稳定且优质的供应链会成为决定电商发展前景的关键因素。

1.1.1　电商采购与非电商采购

电商采购的特殊性使商业交易逐渐趋于无缝式，这在非电商采购中几乎是不可能出现的。综合来看，非电商采购存在以下四个难以避免的问题。

（1）供需双方的信息交流不够及时，共享性低；供应商在产品质量、交货期等方面不够明确，可能为各自的利益封锁消息；竞争大于合作，很可能导致双输的局面。

（2）市场变化越来越快，面对不断变化的买家需求，由于非电商采购的节奏比较慢、不够灵活，线下门店会感到应接不暇。

（3）人为因素的影响不可忽视，个人利益容易导致采购流程进入非标准化阶段。

（4）对市场的发展趋势把握不准确，容易造成库存积压，占用流动资金。

当今社会发展迅速，电商行业的更新迭代也日新月异。为了获得更好的发展，电商公司必须及时调整自己的思维方式，在风口浪尖上找准方向，稳步前行。下面我们看一看电商采购具有哪些优势。

（1）采购范围更大，可以降低采购成本，提高采购效率。随着经济与技术的发展，电商公司的采购范围已经接近全球化。这一点有利于降低采购成本，实现全球化采购。因为电商公司的采购范围不受限制，所以比线下门店更容易找到优质的供应商。此外，信息共享比传统交流更省时、省力，可以大幅提高电商公司的采购效率。

（2）采购流程更标准，可以降低人为影响。在线下门店的采购中，采购工作受主观意识的影响比较大，行为上有意或无意的非标准化难以避免。电商公司的采购则是按照规定进行的，人为影响几乎为零，这无疑更利于采购流程的标准化，形成良好的采购环境。

（3）采购业务更灵活，可以满足不断变化的市场需求。与线下门店相比，电商公司更容易在各方面加快节奏，如用户需求、订单信息、生产计划等。此外，电商公司也会在采购业务中加入灵活的模式，这样就可以缩短采购周期，提高库存周转率。

（4）采购管理更科学，可以提高信息的及时性、准确性、丰富性，实现由采购管理向供应链管理转变。在当今的市场环境中，供需双方必须建立稳定互利、高度共享的合作关系，重视供应链之间的竞争。

💡 小提示

在电商公司的采购模式中，供应商可以及时获得新的需求与计划，从而在第一时间按照要求为电商公司提供产品。这样可以优化供应链，达到双赢的目的。

1.1.2　中小型卖家的困境

如今，线上市场的主要消费场景已经由 PC 端转移到移动端。与此同时，一个无法回避的事实就是互联网流量及移动互联网流量的红利正在逐渐消失。这就意味着线上市场的卖家，尤其是中小型卖家会面临困境。为什么会出现这样的情况呢？下面从三个方面进行说明，如图 1-1 所示。

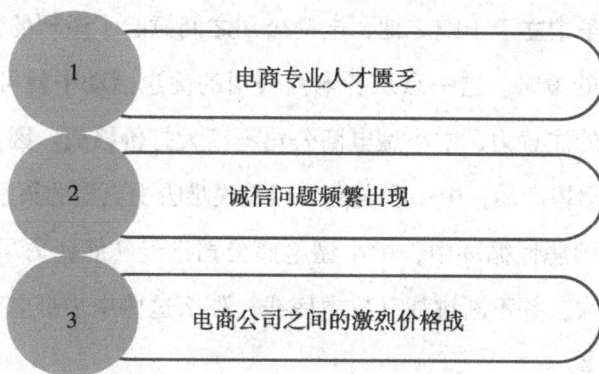

图 1-1　中小型卖家面临困境的原因

（1）电商专业人才匮乏

很多人认为，电商就是一个超级市场，每家电商公司都能在这个超级市场中获利。因此，很多公司从传统行业向电商行业转型，就连零售公司也在这种高回报的驱使下向电商转型。

例如，某公司在向电商行业进军的过程中，管理者开始负责线上业务。不过，在线上业务方面，这些管理者并没有经验。在这种情况下，他们能否分得电商行业的一杯羹，获得线上业务的成功呢？转型又能否顺利呢？答案是很难。对于想向电商行业转型的公司而言，如果没有这方面的专业人才，注定很难获得成功。

（2）诚信问题频繁出现

近年来，电商公司诚信缺失的现象频频发生，如虚报原价、假抽奖、卖假货等。这些问题直接导致了买家对电商行业的信任危机。虽然一些大型电商公司已经采取各种措施逐渐完善诚信制度，但中小型电商公司在管理上仍然存在很多漏洞，久而久之，这些漏洞会导致买家的不信任。在这种情况下，电商整体行业就会受到一定的冲击。这些都是电商公司需要面对的挑战。

（3）电商公司之间的激烈价格战

为了在竞争中立于不败之地，电商公司之间掀起了激烈的价格战，纷纷采取降低价格的策略。这一点从各电商公司的优惠活动中就可以得到验证。为了吸引买家的注意力，中小型电商公司不断大打价格战。因为如果不用真正低廉的价格出售产品，中小型电商公司就很难吸引更多的买家。

在价格战的恶性循环中，中小型电商公司已经"筋疲力尽"。如果价格战一直持续下去，并不断挑战其成本底线，那么这些中小型电商公司的盈利肯定会减少很多。

小提示

在上述三方面原因的影响下，线上市场的空间已经缩小了很多，电商公司必须采取有效的措施摆脱此种困境。例如，为了降低成本、提升利润，电商公司可以从采购业务入手，做好市场调研、选品、产品评估及仓储管理等配套工作。

1.1.3 适合电商的一件代发业务

一些小规模的电商公司因为没有货源优势，就选择了一件代发业务。该业务可以减少电商公司的烦恼，如降低囤货风险及资金压力等。不过，一件代发业务的缺陷也比较明显，包括供应商不靠谱、货源价格高、发货慢、包装差及买家体验不好等。为了弥补这些缺陷，电商公司需要注意以下事项。

（1）坚持"一手拿货、一手付款"的原则。

（2）在网上查询供应商是否有诈骗行为。

（3）谈好退货、退款等事项。

（4）警惕供应商推销"没用"的产品，这些产品可能是库存，也可能是滞销款。

（5）先了解买家的收入情况，再选择产品。

（6）不要轻易相信供应商讲的爆款，要仔细斟酌、谨慎判断。

（7）不断提高自己选品的眼光，准确识别可能成为爆款的产品。

此外，在一件代发业务中，发货地、快递费用、退换货政策、域名期限、供应商是否备案、交易笔数、利润结算与支付方式等也很重要，电商公司要格外重视这些问题。

💡 小提示

　　即使选择一件代发业务，电商公司在选品及选择供应商方面也要特别小心。实际上，一件代发业务与自己做采购在本质上是一样的，目标都是节约成本。

1.2 中小型电商公司采购：供应链是发展的持续动力

对于中小型电商公司来说，供应链非常重要。一般来说，中小型电商公司会从供应商那里采购原材料制成产品并到电商平台销售，或直接采购产品到电商平台销售。

作为供应链源头的采购环节十分重要，因为这个环节关乎电商公司的销售业绩。如果电商公司的采购工作做得好，把产品的价格控制在较低的范围内，那么自然就会受到买家的青睐。

1.2.1 数字化转型势在必行

2009 年，在全球市值排名前 10 的公司中，只有微软是数字化公司；2020 年，在全球市值排名前 10 的公司中，有 8 家是数字化公司。在短短十几年的时间内，竞争格局和优势地位就发生了如此大的变化，这值得每家公司深思。

在数字化趋势越来越明显的今天，无论竞争优势和市场地位多么突出的公司，都必须重视数字化转型。当然，这也是电商公司的主要任务。数字化浪潮不仅影响了大型电商公司，而且已经成为中小型电商公司发展的驱动力。

当前，云计算、大数据、物联网、人工智能、区块链等技术正在快速迭代，并逐渐与各领域融合，不断迸发活力。数字化已经成为电商公司进行结构调整的核心要素。

2020 年，新冠肺炎疫情虽然对各国造成了冲击，但也使云经济、线上经济走红，进一步激发了数字经济的潜力，加速了数字经济的发展。这既是疫情倒逼经济的进步，也代表了一个新的发展趋势。

对于电商公司而言，做好数字化转型需要认真考虑以下三个方面。

（1）战略思维

电商公司的数字化转型不是简单地把技术应用到业务中，而是要对自己进行数字化重生。例如，简单地用机器换人不是数字化，因为这样只带来生产效率的提升，但产品有没有市场还是未知数。电商公司应该追求买家驱动下的高效率，用数字化手段生产出买家心仪的产品。

（2）增长模式

在如今的数字化时代，电商公司的增长不是单纯指规模和范围的扩大，而是指生态的发展。电商公司追求的应当是单一产品逐渐演变为网络平台，连接买家、商家和服务提供方，并以此为基础为买家构建综合性的生活场景。

（3）组织转型

要做好数字化转型，组织结构的变革必不可少。因此，电商公司要把传统的科层制转变为网状组织，如"平台＋小微组织"模式。这样既可以用平台的聚集效应做成大事业，又可以用小微组织的灵活性抓住新的市场机遇。当然，这需要通过强大的数字化架构（灵活的前台＋强大的中台＋稳定的后台）保证组织的稳定运行。

小提示

电商公司实现数字化转型，要具备三个方面的能力。一是要有清晰的整体逻辑。二是要能做好顶层设计，因为数字化不是简单的机器换人，而是对原模式的颠覆和重构。三是找到一个切入点作为数字化的突破口。举例来说，如果你想从买家端开始改进，就要着重把资源投入到改善买家的体验上，这样就可以把钱花在刀刃上，避免数字化转型没有头绪。

1.2.2　制造、零售、物流三业联动

在供应链中，各参与者之间如果能够实现信息共享，即电商公司与供应商分享生产计划、库存状况等信息，供应商与电商公司分享货源情况、买家需求等信息，就可以提前做好规划，大大缩短把产品送到买家手中的时间。

这是信息完全透明的一种理想状态。

然而，现在许多电商公司的供应链做不到完全的信息透明。所以，制造、零售、物流的三业联动将是供应链真正要实现的蓝图。

（1）计划是提高效率的前提

要想提高效率，实现真正的三业联动，电商公司必须做好一件事——计划。在生产阶段，电商公司需要制定生产计划。随着社会分工的不断细化，生产正在从"大而全"向"小而精"过渡，这种精益化生产的核心是实现零库存。在这种情况下，电商公司需要确定自己应该何时补货，需要采购何种原材料等问题。

（2）三业联动需要信息平台的支撑

如今，许多电商公司的物流工作繁重，而且要求很高，需要随时监控货物的状态，如运到哪里了、是否准时交付等。此外，电商公司要做到，订单一到就知道车能不能派出来、派出后车在什么位置、何时能交付等。这些工作如果没有信息系统的辅助是无法靠人工独立完成的。而且，信息系统必须是网络型的，这样才可以保证物流工作的正常进行。

（3）建立物流信息平台

要想实现三业联动，电商公司就要从关注业务本身转向关注资源整合。因此，搭建物流信息平台将是下一个发展趋势。真正的物流信息平台应该可以将资源整合起来，减少浪费。

例如，把货物从上海运到巴黎的流程非常烦琐：一是取货，即按照订单到指定的地点取货，如果需要集装箱，就要租箱；二是选择运输方式，如果集装箱装不满，就要拼箱；三是报关出口，要再次选择运输方式，是空运还是海运，如果选择空运，就要明确上海到巴黎的航线、航班及运费；四是货物到达巴黎后需要经历出关、运输等一系列环节。物流信息平台能将此流程提供给电商公司参考。

💡 **小提示**

物流信息平台实际上是接通制造、零售、物流三业的"连接器"，电商公司要想使其正常运转，需要强大的信息系统作为支撑。

1.2.3　全球采购及产品整合供应链服务

在经济全球化的今天，电商公司之间的竞争已经演变成供应链之间的竞争，供应链管理水平甚至成为衡量国家水平的指标。经济全球化使采购不再局限于国门范围之内，买家对产品有了更广泛的追求，这导致海外的产品开始广受欢迎。

这也就意味着电商公司的选品将不再局限于国内。例如，亚马逊推出了亚马逊公司购，这是专门面向电商公司的平台，为电商公司提供一站式服务。目前，亚马逊公司购已经在美国、日本、印度、加拿大及欧洲一些国家上线，并取得了非常不错的成绩。

技术的发展、市场竞争的白热化、买家需求的变化等因素导致大而全的商业运作模式，难以形成企业的核心竞争力。因此，电商公司对专业化、规模化的供应链有日趋强烈的需求。加上"互联网+"的渗透及工业 4.0 的发展，供应链几乎成为各商业领域都会涉及的概念，管理和优化供应链也已成为电商公司的必然选择。

在日益复杂的经济环境下，供应链作为电商公司的供求网链，面临着优化服务、满足买家需求等诸多方面的机遇与挑战。在此，我们举个例子。

怡亚通是我国第一家上市的供应链公司，其通过把握电商公司的需求、整合资源，率先构建了一体化的供应链服务平台。这个平台提供不同的供应链服务，帮助电商公司实现了供应链的管理和优化，构建了竞争优势。而且，怡亚通拥有全球运作网络、专业团队、先进信息系统等优势，可以帮助电商公司完成从原材料采购到满足买家需求的过程。由此可见，怡亚通不仅是连接供应商、电商公司、买家的信息链，更是一条增值链。

💡 **小提示**

　　未来，供应链服务商会越来越多，它们可以帮助电商公司整合资源，推动电商公司的持续发展。

1.3　电商平台网店采购：个体电商也需要采购管理

　　如今，开网店的门槛比较低，很多人都想通过这种方式获取收益。自己做电商可不是一件非常简单的事，虽然开网店不涉及专业的供应链管理，但基本的采购管理还是要注意的。

1.3.1　社交电商：电商的发展趋势

　　2019 年 5 月，贝店宣布完成 8.6 亿元的融资。这是一家具有微商属性的电商公司，其融资的成功证明社交电商开始引起了主流资本的注意。在社交电商中，有一句话是"得三线、四线买家得天下"，即三线、四线城市是非常重要的消费市场。然而，在这些城市，有近 10 亿买家的需求长期得不到满足。

　　口碑分享型电商在三线、四线城市最受欢迎。这些城市因为面积较小、人际关系简单，所以有利于社交电商的发展。

　　社交电商的雏形是"面膜微商"。"面膜微商"利用微信的社交体系及朋友圈的信任背书卖出了大量的产品。现在非常火爆的国货化妆品牌完美日记曾经也是微商。

为什么大部分微商都喜欢将面膜作为主打产品呢？因为当时移动端销售开始兴起，微商为了让下一级代理更有动力，必须储备大量的产品。在这种情况下，面膜以溢价高、消耗快、使用频率高的优势脱颖而出，成为广大女性争相购买的产品。

这也是社交电商要在三线、四线城市发力的原因。与一线、二线城市相比，这些城市的环境较闭塞，与外界存在一定的信息差。而且，人们的消费能力不是特别强，很容易被新奇的产品和亲民的价格打动。

随着社交电商的发展，许多新玩法纷纷出现，抖音、快手、小红书等平台带红了一批网红品牌。比起在微信经营的微商，这些网红品牌各有自己的背景，产品更高端，溢价能力也更强。例如，泡泡面膜在抖音的月销量达到100万件，66元的钟薛高通过社交电商卖出了100万支，AKOKO曲奇在快手日售5 000盒。

那么，社交电商都有哪些产品策略呢？

（1）爆品属性

在社交电商中，比较火爆的产品几乎都有相同的特征，即高溢价、传播性强。高溢价是相对于产品的成本而言的，例如，iPhone 12的成本大概是370美元，而售价达到750美元左右，毛利率相当高。即使如此，依然有很多人对iPhone 12趋之若鹜，他们认为此款手机的操作体验好，这也是此款手机的竞争力之一。

传播性是相对于产品的社交属性而言的。如果买家通过产品获得了情感共鸣，那么产品本身对于买家来说可能并不重要，真正重要的是产品的社交属性。例如，很多人买喜茶并不是单纯想喝奶茶，而是想通过把网红奶茶的照片发到朋友圈获得朋友的关注。

（2）精准投放

泡泡面膜并不是一推出就大受欢迎，而是通过多渠道测试才最终在抖音引爆的。在投放阶段，电商公司可以考虑多渠道测试，等看到爆发趋势时再针对某个渠道重点投放，这样更有利于产品的销售。

（3）跨界思维

很多时候，产品并不需要完全创新，可能一个意想不到的跨界就能戳中买家的痛点，如六神与RIO合作的花露水鸡尾酒、大白兔奶糖唇膏、福临门卸妆油等。在跨界思维的指导下，即使产品本身没有创新，也能激发消费者的购买欲望。

（4）品效合一

一个爆品的诞生不仅需要创意，而且需要精细化的质量控制。很多网红产品之所以中途夭折，就是因为质量控制没有做好。例如，某品牌双蛋黄雪糕在抽检中被发现菌落总数及大肠菌群均有超标，仅红了短短几个月便遗憾收场。

💡 小提示

在社交电商中，买家拥有双重身份，即"消费者 + 经营者"，他们既是产品的最终使用者，也是产品的推广者和传播者。所以，电商公司在采购产品时既要注重产品的传播性和溢价能力，还要时刻把控产品的质量，为品牌积累口碑。

1.3.2　无货源也能入局电商平台

随着电商行业的迅猛发展，开网店越来越赚钱。以在淘宝开网店为例，近3年来，大量年轻人入驻淘宝网店，成交规模已经接近5 000亿元。很多人可能面临这样的困境：想开网店，但找不到合适的货源，所以一直没有付诸行动。实际上，开网店也可以没有货源，即让别人发货，自己只负责销售。

什么是无货源网店呢？举例来说，有人将某产品的价格定为 100 元，你把该产品放到自己的网店销售，价格定为 120 元，这之间的差价就是你可以获得的利润。这种卖货模式没有太大的风险，而且任何一家网店的产品都可以放到你的网店销售，发货也是其他网店负责，你只负责销售和赚取差价。

众所周知，流量是订单的来源。无货源网店的流量来自电商平台对新品的 7 天流量扶持，这些流量是免费的。7 天后，你只需要把产品下架并重新上传，就能获取这些流量，而且不需要刷单、花钱做推广，既省时又省力。

无货源网店的卖货模式有哪些特点呢？

第一，既不需要每天发布产品，也不需要吸粉、引流，可以充分借助电商平台的流量。这些流量大都很精准，有利于提升成交率。

第二，操作方便，一个人就可以执行。你要做的是把产品上传到自己的网店，有订单了处理一下就可以。其他如下单、发货等步骤则由系统完成。

第三，很多人可能会有这样的疑惑：新开的网店没有信誉，谁会光顾呢？不用担心，电商平台有流量扶持，你只要每天坚持上架产品，就会一直有流量。只要产品靠前，就可以让买家看到。如果网店的产品多，任何好卖的产品都有，那么就可以吸引更多买家。而且，只要买家搜索你正在卖的产品，你的网店就会曝光，进而收获更多订单。

> ## 💡 小提示
>
> 电商平台的个性化推荐会根据买家的年龄、性别、喜好、购买力等信息为其打上标签。具有什么样标签的买家在网店浏览、付款，电商平台就会为网店打上同样的标签，并将其推荐给买家。每个电商平台都有各种各样的产品，每个买家搜索出的产品也不完全一样，因此，网店拥有的标签越多，就越容易出现在买家的首页上。

1.3.3 公司集采：优质的网上进货平台

初入电商行业的网店老板最怕找不到靠谱的货源。对于他们来说，阿里巴巴的公司集采无疑是一个非常不错的选择。公司集采是阿里巴巴为网店精心打造的一站式采购商城，聚集了海量的供应商和知名厂家。这些供应商和知名厂家都经过了阿里巴巴的严格筛选，资质有保障。此外，公司集采还有极具吸引力的价格优势。

从整体上看，阿里巴巴的公司集采可以为网店带来以下优势。

（1）享受特惠服务

目前，公司集采为网店提供了 3 类货物，如图 1-2 所示。

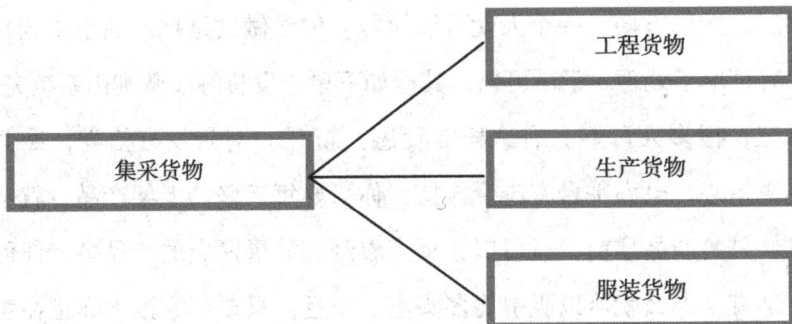

图 1-2　公司集采的 3 类货物

另外，公司集采还专门为规模比较小的网店提供特惠服务，主要包括大公司蹭单、品牌集采、特供会、集现货、1 元购等。

①大公司蹭单。通过大公司蹭单，网店可以享受到 500 强供应商提供的专享价格和专享服务。

②品牌集采。通过品牌集采，网店可以享受到知名品牌提供的特惠价格和专属服务。

③特供会。通过特供会，网店可以享受到原材料源头厂家和一级经销商

直接供货的服务。

④集现货。通过集现货，网店可以享受到知名厂商提供的现货直供服务。在采购时，网店还可以获得返现福利，而且采购的数量越多，返现的金额就越大。

⑤1元购。通过1元购，网店可以享受到品牌好货1元购的优惠。每天上午10点，一些知名品牌的精选优质产品会以1元的价格开卖。不过，此类产品的数量有限，竞争很激烈。

（2）迅速找到可靠的供应商

公司采集整合了很多非常不错的供应商。当然，各个供应商的实力、信用等级也不相同。那么，网店应该如何判断供应商的实力和信用等级呢？方法如图1-3所示。

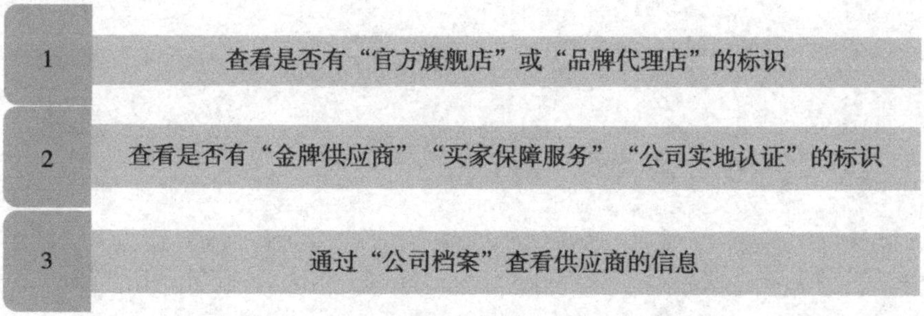

1	查看是否有"官方旗舰店"或"品牌代理店"的标识
2	查看是否有"金牌供应商""买家保障服务""公司实地认证"的标识
3	通过"公司档案"查看供应商的信息

图1-3 供应商的实力和信用等级判断方法

①查看是否有"官方旗舰店"或"品牌代理店"的标识。在打开供应商的旺铺后，可以查看首页的最上方是否有"官方旗舰店"或"品牌代理店"的标识。一般来说，凡是有这种标识的供应商都经过了阿里巴巴的认证，产品质量更有保障。

②查看是否有"金牌供应商""买家保障服务""公司实地认证"的标识。在打开供应商的旺铺后，可以查看详情页的左侧是否有"金牌供应商""买家

保障服务"和"公司实地认证"的标识。这些标识是供应商实力的象征，网店可以选择具有这些标识的供应商。

③通过"公司档案"查看供应商的信息。在进入供应商的旺铺后，可以点击"公司档案"页面查看供应商的交易记录、自传资质、工商注册、信用报告、实拍图片等信息。这些信息可以帮助网店确定供应商的信用，避免出现诈骗、虚假发货等现象。

> 💡 **小提示**
>
> 　　网店尤其是规模不太大的网店非常适合通过公司集采查找供应商，这样不仅可以使自己快速找到高质量的货源，还能够省去甄别供应商的诸多麻烦。

第 2 章

市场调研：掌握产品的第一手情报

在入局电商行业前，电商公司需要对商业战略和产品进行市场调研，这样做不仅是明智的，而且是必要的。无论商业战略多好，产品多优质，电商公司都要花一些时间进行需求分析、平台分析、数据分析。

此外，分析自己的竞争对手、找到市场的空白对于电商公司而言也是非常关键的。无论做什么类型的电商，都需要做市场调研，了解市场，选择要销售的产品，采购合适的货物。

2.1 需求分析

电商平台上每天有无数的产品上架，也有无数的产品下架。产品下架的原因之一就是没有把握住买家的需求，吸引不了买家。那么，以销售产品为主营业务的电商公司应该如何把握住买家的需求呢？

2.1.1 网购者喜好分析

电商公司要想做好需求分析，首先要弄清楚买家的喜好，分析网购者在选择产品时会有哪些心理偏好，会看重哪些因素。网购者的心理偏好和看重的因素如图 2-1 所示。

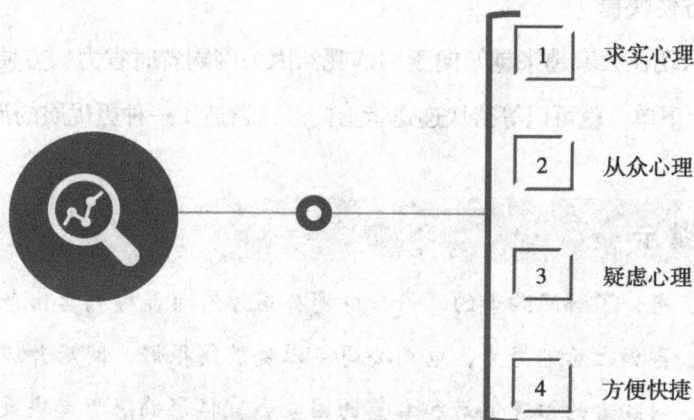

图 2-1　网购者的心理偏好和看重的因素

（1）求实心理

有求实心理的网购者往往非常看重产品的性价比，尤其是价格和功能，而不过分追求外观。他们在选择产品时可能会货比三家，比较理性。总之，他们喜欢购买物美价廉的产品，追求产品的实用价值。所以，电商公司要想获得他们的青睐，必须突出产品的优势，如耐用、实惠、功能多等。

（2）从众心理

从众心理是网购者普遍存在的心理，如果网购者看到大家都在买某个产品，甚至已经形成一种风尚，那么他们一定不甘落后。针对此类网购者，电商公司应该侧重产品的广泛宣传，营造一种大家都在使用产品的感觉。如果可以将产品打造成明星同款的效果，就会促使具有从众心理的网购者快速做出消费决策。

（3）疑虑心理

并不是所有网购者都对网购非常放心，有疑虑心理的网购者虽然也加入了网购大军，但无法完全信赖产品。针对此类网购者，电商公司可以提出承诺性条件，如产品权威认证、客服承诺、7天无理由退换货等。总之，只要让有疑虑心理的网购者对产品放心，电商公司就可以顺利获得订单。

（4）方便快捷

为什么现在大家越来越倾向于网购呢？因为网购省时省力、方便快捷，只要在手机上下单，就可以等待快递送货上门。这营造了一种更优质的消费体验。

💡 小提示

只有充分了解网购者的喜好，电商公司才有可能顺利卖出产品。方向正确，再加上后期努力，电商公司可以发展得很好，网店升级也将成为必然。网购者的心理偏好和看重的因素会直接影响消费者决策，电商公司必须以此为基础铺货运营，才能少走弯路，取得丰厚的收益。

2.1.2 建立买家画像

在竞争日益激烈的时代，如何才能抓住买家的心，似乎是每一家电商公司都必须面对的问题。买家画像可以很好地解决这个问题。从本质上看，买家画像就是买家的虚拟代表，即通过对买家各方面信息的了解和分析，形成独具特色、富有个性的画像。

早期的买家画像和个人档案信息十分相似，并不是特别复杂，所以区分度和可用性也比较差。不过，当大数据技术变得越来越成熟时，数据量也得到了大幅度增长。电商公司可以获取大量的买家行为数据，充分发挥买家画像的作用。

一般来说，比较典型的买家画像主要包括性别、年龄、偏好、消费习惯、居住地、职业、兴趣等维度。当然，如果电商公司想让买家画像变得更精准，还可以在这些维度的基础上继续细分，如图 2-2 所示。

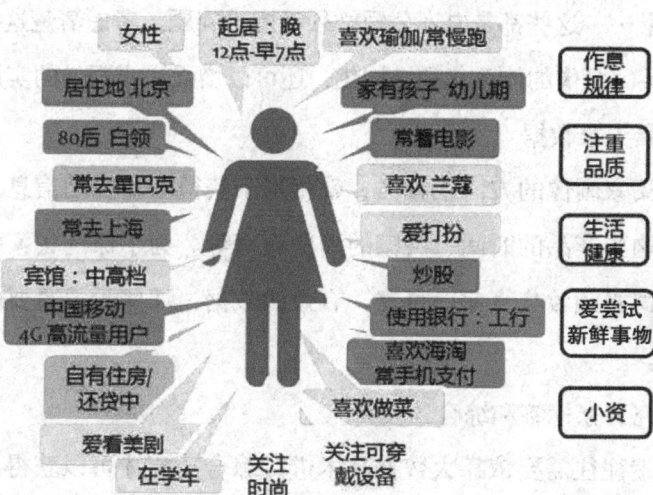

图 2-2　细分的买家画像

有些电商公司可能不知道应该如何建立买家画像。实际上，这项工作并不困难，具体可以从以下 4 个方面着手，如图 2-3 所示。

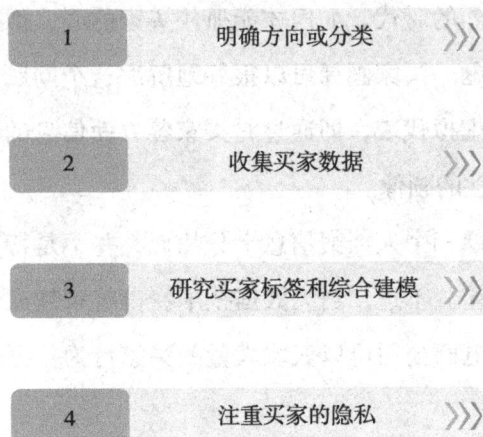

1	明确方向或分类	>>>
2	收集买家数据	>>>
3	研究买家标签和综合建模	>>>
4	注重买家的隐私	>>>

图 2-3　建立买家画像的 4 个方面

（1）明确方向或分类

为哪些买家画像？画什么样的像？为什么要画这样的像？会有什么样的画像分类和结果……这些都是电商公司必须考虑的问题。考虑清楚这些问题，不仅可以保证买家画像的体系化和结构化，还可以增强买家画像的实用性。

（2）收集买家数据

明确了买家画像的方向或分类，就相当于获得了重要的信息，如买家的消费习惯、购买产品的时间、买家的消费频率等。为了保证买家画像的科学性，电商公司必须收集真实、可靠、有效的数据，那些无关紧要的数据则可以适当舍弃。

（3）研究买家标签和综合建模

买家标签往往需要依靠大数据技术进行综合建模才可以获得。假设某电商公司的核心买家是宝妈，那么该电商公司就不可以根据宝妈的某一次购物行为为其贴标签，而是要根据其购物频次、消费比例、购物时间等多方面信息进行综合建模。

（4）注重买家的隐私

建立买家画像是电商公司提高销量的重要手段，但在建立买家画像的过程中一定要注意隐私保护。例如，电商公司可以通过数据分析为买家打上精准的标签，但绝对不可以将这些数据卖给或送给其他行业和产业。

张晓峰是一家电商公司的创始人，在淘宝上开了几家旗舰店。从创业以来，他就着手打造大数据系统，以便为买家画像提供数据方面的支持。目前，张晓峰已经记录了近 5 万条买家购物习惯数据，并给买家打上了多个标签。不仅如此，他还把买家划分为六大类型，即实用派、超级粉、时尚控、拜物狂、文艺范、完美主义者。借助这样的做法，他的旗舰店的销售额增长了近 20%。

💡 **小 提 示**

买家画像的重要性和作用已经不言而喻。在这种情况下，电商公司应该收集并分析买家数据，争取早日建立买家画像。

2.1.3 挖掘买家的真实需求

美国心理学家马斯洛曾经提出需求的五层次理论，后来被人们统称为马斯洛需求层次理论，如图 2-4 所示。

马斯洛需求层次理论有助于挖掘买家的真实需求，了解买家关心的利益点。按照马斯洛需求层次理论，需求可以分为生理需求、安全需求、社交需求、尊重需求、自我实现需求。这几种需求依次由低到高排列。

（1）生理需求

生理需求是买家维持生存的基本需求，包括衣、食、住、行、用等多个方面。对于买家来说，生理需求是最重要的需求，该需求也是推动买家购买产品的动力。马斯洛认为，只有生理需求得到满足，人们才会追求其他高层

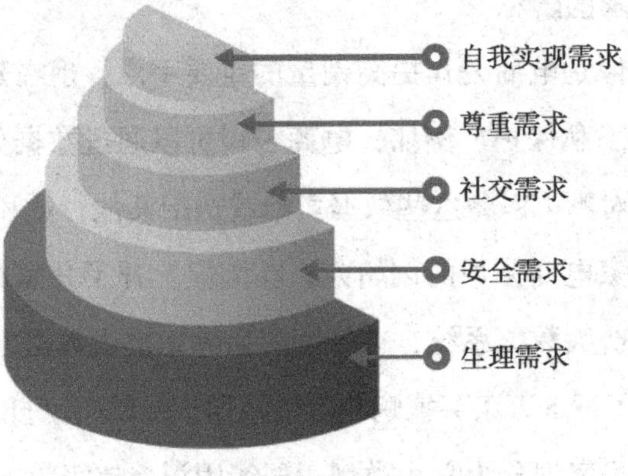

图 2-4　马斯洛需求层次理论

次的需求。

　　电商公司应该深刻理解马斯洛需求层次理论。例如，当销售食品的电商公司了解到买家希望足不出户就享受到美味的食品时，电商公司就可以据此生产符合买家口味的食品，并与方便快捷的物流公司合作，满足买家的这种需求。

　　（2）安全需求

　　马斯洛认为人们每时每刻都在追求安全。对于人们来说，感受器官和效应器官都是寻求安全的工具。例如，人们在吃到变质的食品时会立即吐出来。有些电商公司抓住了买家的安全需求，制造并销售防狼喷雾、智能安全首饰等产品。这种贴心的产品自然会让买家产生信任感，也会大大激发买家的购买欲望。

　　（3）社交需求

　　社交需求包括两方面内容：一是友爱，二是归属。很多买家都不希望自己被孤立，而是希望得到关心和照顾。智能音箱等交互型产品能够满足买家的社交需求，是电商公司可以关注的重点。

　　（4）尊重需求

　　尊重需求可以分为内部尊重需求和外部尊重需求。内部尊重需求是指在各种不同的情境下，买家都有能力实现独立自主，其实质是买家的自尊。外部尊重需求是指买家渴望得到别人的尊重和高度评价。当尊重需求得到满足后，买家会更加自信、热情，更能发挥自己的价值。"夸夸群""夸人服务"等在各大电商平台的风靡在一定程度上说明，对于买家来说，尊重需求正在变得越来越重要。

（5）自我实现需求

自我实现需求是最高层次的需求，是个人发挥能力、实现理想的需求。换言之，自我实现需求的满足会使个人感到最大的快乐。如今，与自我实现需求相关的业务主要有线上课程、知识付费等。随着时代的发展，这样的业务将不断增多。

💡 小 提 示

在挖掘买家的真实需求时，电商公司可以从马斯洛需求层次理论入手。与此同时，电商公司还要瞄准买家的痛点，解决买家面临的问题，为买家带来核心价值。

2.2　电商平台分析

如今，各式各样的电商平台不断涌现，很多电商公司不知道应该如何选择。在这种情况下，电商公司就非常有必要开展电商平台分析。电商公司应该从买家的角度出发，了解各大电商平台的定位，分析其操作复杂程度。同时，电商公司还可以通过一些消费信息了解市场的走向，并由此推断出热销产品，调整自己的销售方案。

2.2.1　根据电商平台定位进行决策

我国比较主流的电商平台可以分为 6 大类：综合类电商平台、社交类电商平台、直播类电商平台、垂直类电商平台、生活服务类电商平台、全球跨境类电商平台。这 6 大类电商平台都有各自的代表，如表 2-1 所示。

表 2-1　6 大类电商平台及其代表

电商平台	特点	代表
综合类电商平台	客源多，覆盖种类全面；需要缴纳较高的入驻费用和产品销售提成；有些还会设置较高的准入门槛	（1）淘宝：实力强，有流量；准入门槛低，可以免费注册开店 （2）京东：有自建的第三方支付系统；自营产品有厂商返利 （3）天猫：口碑好，流量大，但准入门槛较高；需要缴纳年费和保证金；有阿里巴巴的支持
社交类电商平台	可以享受较大的价格优惠，既便宜也能买到好产品	（1）拼多多：团购价格低；会自动帮助买家筛选产品；价格优势明显 （2）蘑菇街：定位年轻女性买家；图文、视频等内容分享；拼团、限时秒杀等营销手段；价格亲民 （3）小红书：买家分享产品使用体验，口碑好；没有营销、流量和资源位等费用，众多明星入驻，流量大 （4）抖音：流量大，覆盖男女老少群体；网红推荐，带货能力强；只需要支付广告费用
直播类电商平台	"直播＋"成为一种非常重要的商业模式	（1）淘宝直播：购买转化率高，利润空间大；有阿里巴巴的支持，配套设施相对完善 （2）蘑菇街直播：准入门槛比淘宝直播低；申请直播的过程较简单；产品种类有局限
垂直类电商平台	大多有同一个倾向，如专做女装、专做美妆、专做家电等；主要强调产品供应一体化和产品集中管理	（1）唯品会：有自建的物流；通过低价抢购在年轻女性中产生了一定的影响力；规模较大 （2）聚美优品：走平民路线，价格优惠；专做美妆；入驻费用低 （3）当当网：以图书为主营业务，业务模式成熟；定位独特，竞争对手较少；品牌溢价低

（续表）

电商平台	特点	代表
生活服务类电商平台	锁定一个目标市场，提供个性化服务	（1）美团：生活场景丰富，包括酒店、餐饮、旅游、娱乐等；有服务优势，可以多维度提升买家的消费体验；有物流团队，效率高 （2）饿了么：主要提供外卖和餐饮服务，专业度高；优先进入外卖市场，市场占有率大；入驻门槛较低
全球跨境类电商平台	发展前景较好，目前仍然是一片蓝海	（1）速卖通：阿里巴巴旗下的电商平台，配套设施完善；为我国买家量身定做，操作简单；产品种类多，流量大 （2）亚马逊：有亚马逊的资金支持；知名度高；不需要入驻费用 （3）eBay：规则相对宽松；退款、罚款相对人性化；需要入驻费用，并且产品审核周期长

电商公司在选择要入驻的电商平台时，首先要考虑电商平台的定位，其次要考虑流量及曝光度等情况。如果想让产品被更多买家知道，获得更多关注，那么电商公司就应该选择一个流量比较大的电商平台。当然，产品与电商平台的契合度也非常重要。如果是销售美妆产品的电商公司，就可以入驻聚美优品。

💡 小提示

电商公司最好结合主营产品和主营业务具体决定入驻哪个电商平台。只有选择合适的电商平台，电商公司才有可能创造更好的销售业绩，获得更丰厚的利润。

2.2.2 操作的复杂程度决定买家的年龄

电商平台的定位各有不同，这在很大程度上区分了买家的特征。此外，电商平台操作的复杂程度也决定了买家的年龄。一般来说，操作越简单的电商平台对应的买家年龄越高。

为什么淘宝更受年轻买家的欢迎？一方面是因为淘宝一直将自己定位为个体卖家和买家的电商平台。年轻的买家喜欢买和卖，但首先要学会如何买和卖。这个过程的复杂程度比较高，年轻的买家自然学得快一些。而年龄比较大的买家则觉得太复杂，久而久之就会导致淘宝的年轻化。

天猫、京东是面向电商公司的电商平台，销售端基本没有向个体卖家开放。因此，这两个电商平台的目标群体不太受操作复杂程度的影响。此外，拼多多、小红书等电商平台在形式上做了创新，操作起来比较容易，适用于20～40岁等多种年龄段的买家。

很显然，操作复杂程度已经成为电商平台定义目标群体的重要指标。对于想入驻电商平台的电商公司来说，年龄、收入、学历等情况也是定义目标群体的参考指标。例如，一家专门销售化妆品的电商公司如果入驻了京东和天猫，那么必然要面对不同的买家，这家电商公司需要根据买家的特点调整和优化自己的营销战略与销售方案。

小提示

电商公司在选择电商平台时，肯定要考虑操作复杂程度。与此同时，买家的年龄、收入、学历等情况也是电商公司应该考虑的。当然，对这几个方面的考虑也只是在实践中做出的总结，电商公司还可以根据自己的情况进行具体分析。

2.2.3 从消费信息看热销产品

在对电商平台进行分析后，电商公司还应该知道什么样的产品最好卖。

电商行业之所以发展得如此迅速并拥有庞大的市场空间，就是因为可以让买家轻松购买各种产品，最大限度地满足买家的消费需求。既然产品的类型多样，那么电商公司如何才可以知道什么样的产品最好卖呢？解决这个问题的关键就在于收集和分析消费信息，具体可以从以下几个方面入手。

（1）电商平台的热词搜索

电商平台的热词反映了当前一段时间内最受买家欢迎的产品是什么。通过在各大电商平台进行热词搜索，电商公司可以及时把握买家的消费意愿，选择自己要销售的产品，从而更好地促进交易的达成。

（2）电商平台的热销产品

电商公司必须时刻关注买家的消费态度，及时调整自己的销售方案，以获得更丰厚的利润。新的热销产品总会吸引买家的关注，电商平台也会通过主推这些热销产品吸引买家，增加流量。因此，电商公司可以多关注电商平台的热销产品。

（3）热销卖家的产品

热销产品大多是能够满足买家日常生活的一些季节性强、具有鲜明特征的产品，这些产品反映了买家的需求。电商公司可以关注热销卖家的产品，并据此选择自己应该销售的产品，这样有利于准确感知并满足买家的需求。

💡 小提示

根据社交媒体的热点，电商公司可以提炼出买家对某一产品的需求和购买欲望，从而分析出可能会受到买家欢迎的产品。因此，除了搜索热词和分析热销卖家以外，电商公司还可以追踪社交媒体的热点，及时采购当下最受关注的产品。

2.3　市场分析

通过市场分析，电商公司可以全方位地了解自己的竞争对手，为制定与调节生产经营决策提供依据。在进行市场分析的过程中，电商公司可以挖掘买家的潜在需求，找到市场的空白。如果找到市场的空白，电商公司就相当于有了"摇钱树"，可以获得丰厚的利润。

2.3.1　全方位解析竞争对手

现在，市场分析是电商公司必须做的工作。正所谓"知己知彼，百战不殆"，电商公司在进行市场分析时除了要认清自己以外，还要对竞争对手了如指掌，看看自己与竞争对手之间是不是存在同质化的现象。这项工作的重点是以下 7 个问题。

（1）竞争对手有哪些值得关注的细节？

（2）竞争对手的产品可以解决哪些问题，为什么可以解决这些问题？

（3）竞争对手有哪些显著的特点和优势？

（4）竞争对手的产品弥补了其他同类产品的哪些弱点？

（5）竞争对手的优势体现在哪些设计和生产的细节上？

（6）竞争对手的优势体现在哪些实际发生的结果或买家行为上？

（7）到目前为止，竞争对手获得了哪些信任背书？

在认真回答了上述 7 个问题后，电商公司就可以对自己的竞争对手有深刻的理解，使市场分析更科学、合理且与众不同。此外，在分析竞争对手后，电商公司还可以看清自己的优势和不足，并在此基础上不断放大优势，最终达到人无我有、人有我精的状态。

知名电商公司网易严选在推广一款面巾纸时抓住了"一纸三层"的优

势，将自己与竞争对手拉开差距，迅速吸引买家的注意。另外，网易严选还通过"5 张纸可吸干半中杯（100ml）净水"展现面巾纸吸水性佳、使用节约的优势，如图 2-5 所示。

图 2-5　网易严选："5 张纸可吸干半中杯（100ml）净水"

当然，像上面这样的案例还有很多，其共性就是在分析竞争对手的基础上放大自己的优势，以强竞争性为导向，实施与竞争对手完全不同的策略。

小提示

现代企业竞争的本质是在饱和的市场中寻找一种对立与统一，实现与竞争对手的合作。如果电商公司还像以前那样对竞争的残酷性熟视无睹或反应迟钝，就很难得到好的结果，也很难吸引买家的关注和支持。

2.3.2　找到市场的空白在哪里

在进行市场分析时，找到市场的空白十分重要。所谓市场的空白主要是指买家有需求，但目前还没有合适的产品满足这个需求。例如，在除螨这个概念没有广为传播前，谁也不会想到自己需要一瓶除螨喷雾，但现在很多除螨喷雾在淘宝上的销量都已经过万，如图 2-6 所示。

图 2-6　除螨喷雾在淘宝上的销量

在上述案例中，除螨就是需求，如果电商公司能够率先挖掘这个需求，就找到了市场的空白。在挖掘需求时，不同种类的产品往往对应不同的做法。不过无论如何，电商公司都应该坚持以买家、产品、信息为核心挖掘市场需求。

其中，买家是最主要的因素，但是信息的重要性也不容忽视。电商公司只有将信息与买家的性格、行为习惯结合起来分析，才可以发现需求与供应之间是否匹配；只有通过观察买家在使用产品时的细节，才可以对产品的属性做延伸。

在互联网高度发达的时代，电商公司可以将一些冷门的知识告诉买家，让买家认识到自己有这个需求。例如，一篇讲述螨虫的危害及除螨的必要性的文章可以极大地推动除螨喷雾的销售。这样的文章对于电商公司来说可谓"免费的午餐"。

小提示

在找到市场的空白后，电商公司还要不断增强自己的实力。因为如果实力不够，即使找到了市场的空白也无法把握住。此外，电商公司不应该固守传统或已经饱和的市场、行业、产品等，而是要多关注新领域，这样可以提高经营成功的概率。

2.4 数据分析

随着大数据技术的应用越来越广泛，数据分析对于电商公司的重要性也在不断增强。在进行数据分析时，电商公司应该从流量结构、搜索流量与盈亏等方面入手。

2.4.1 流量结构分析

说到流量，电商公司应该不陌生，因为这是决定运营效果好坏的关键因素。流量相当于实体店的客流量。对于实体店来说，光顾的人多，生意才有可能变好，网店当然也是如此。说到流量结构，可能很多电商公司不是太在意，但其和运营效果息息相关。要想让自己更受欢迎，电商公司就必须了解每一个流量入口的趋势和变化。

接下来，我们就谈一谈流量结构分析。分析流量结构要从流量入口入手，即清楚流量来自哪里。第一是付费流量，即已经消费的买家产生的流量；第二是自然流量，即买家搜索关键词产生的流量；第三是回头流量，其主要来源于买家收藏和复购。

除了流量入口以外，流量结构的组成也很关键。通俗地讲，流量结构是主流流量的占比，这个占比反映了电商公司的运营质量。付费流量、自然流量、回头流量的占比分别是多少？什么样的占比结构最有利？这些问题需要电商公司认真考虑，决定流量结构是以付费流量为主导，还是以自然流量、回头流量为主导。

对于处在早期创业阶段的电商公司来说，流量结构应该以付费流量为主，占比可以在20%~35%。此时，电商公司可以通过导入的付费流量测试市场反应，磨合团队，但切忌盲目扩张，否则既浪费资金，引流的效果也可能不会太好。

对于处在扩张阶段的电商公司来说，付费流量的占比可以适当高一些，大概是在35%~50%。大规模的付费流量可以吸引精准的买家，提高转化率和知名度。另外，电商公司也要注重自然流量的优化问题，尽可能减少或避免无效的自然流量。

如果电商公司处在相对稳定的状态，付费流量和自然流量的占比相对合理，运营效果也比较好，就可以暂时保持这个占比关系和运营模式，但不要忽略产品和同行的流量导入。

💡 小提示

　　对于电商公司来说，付费流量、自然流量、回头流量是三种最重要的流量。为了维持生存，电商公司需要根据发展阶段和运营周期对这三种流量进行分析。

2.4.2　搜索流量与盈亏分析

　　电商公司关心的问题之一是自家产品在电商平台相关类目下的排名情况。买家在电商平台的导航栏输入想要查找的产品的关键词后可以筛选自己想要的搜索结果，根据人气、销量、信用、价格等要素对产品进行排序。同时，这些要素也是影响产品排名的关键点，电商公司需要对其进行深入分析。

　　另外，在分析搜索流量时，付费流量是比较重要的数据，也是产品推广计划的参考指标。例如，在更换产品的推广主图后，电商公司可以观察产品的排名是否有变化，以及搜索流量、类目流量是否有波动，并据此做出下一步决策。

　　搜索流量分析有助于电商公司观察产品的销售情况。此外，电商公司还要对产品进行盈亏分析。电商公司的运营模式是零售，零售要以盈利为目的，所以在数据分析中，产品的盈亏情况也必须受到关注。

　　电商公司应该如何分析产品的盈亏情况呢？可以建立表格，在表格中列出产品的流量数据、费用支出、销售量、邮费支出、成本、天猫扣点等项目，计算产品的当日盈亏量及累计盈亏量。将与产品相关的数据都记录在表格中，就可以看出哪个产品处于盈利状态，哪个产品处于亏损状态，以及产品的盈利/亏损数额是多少。

影响产品盈亏的数据有付费流量的比值（单品付费流量占单品总流量的比值）、付费PPC（付费流量的平均成本，通俗地讲就是每个付费流量花费多少钱）、总转化率。在上市之初，无论产品走的是主推款路线还是爆款路线，都可能处于亏损状态，毕竟盈利需要一个过程。不过，电商公司只要把握关键的数据，当数据表现下滑或有下滑趋势时及时扭转，有针对性地优化流量占比，那么产品的盈利水平还是很有可能持续走高的。

小提示

搜索流量分析是数据分析的重要工作，搜索流量越多，产品的销售情况通常会越好。电商公司要对产品的盈亏进行分析，综合考量产品的盈亏情况，采取优胜劣汰的措施，以保证运营的效果和稳定性。

第 3 章

选品分析：擦亮双眼，只选对的

////////////////

  选品是电商公司必做的工作之一，因为不是所有产品都适合在网上销售，也不是所有产品在网上都有市场。正所谓打铁还需自身硬，电商公司必须慎重选品，遵循选品的黄金法则，掌握选品的方法。

3.1 电商选品的黄金法则

电商公司在采购前要做好选品工作。选品有三大黄金法则：时刻关注社交媒体的热点、时刻关注网店的数据、通过试销判断市场反应。

3.1.1 时刻关注社交媒体的热点

社交媒体平台是电商公司选品的有效渠道。抖音、快手、小红书等社交媒体平台聚集了大量的买家，了解这些买家的需求并据此选品能够有效提高产品的转化率。以抖音为例，许多买家会通过短视频或直播购买产品，电商公司可以根据不同产品的销量选择热销产品。抖音每天都会更新"人气好物榜单"，电商公司能够通过该榜单了解精品女装等不同产品的人气排名情况，如图 3-1 所示。

电商公司可以根据自己所在的领域，找到目前该领域有哪些人气好物，分析这些人气好物受欢迎的原因，并及时采购同类产品。在对抖音销售的产品进行分析时，电商公司可以借助专业的数据分析工具，以便让结果更科学。

飞瓜数据就是一个专门分析短视频数据的网站，该网站的首页上有很多可供电商公司选择的平台，包括快手、B 站（哔哩哔哩视频网站）等，如图 3-2 所示。

图 3-1　抖音的"人气好物榜单"

图 3-2　飞瓜数据页面

飞瓜数据汇集了大量的数据，电商公司能够在其中发现热门的带货视频，并了解不同产品的销售情况和销售趋势。同时，该网站的"产品排行榜""淘客推广排行榜""抖音好物榜"都能够为电商公司的选品提供依据。

此外，电商公司还可以注册抖音账号，发布不同产品的短视频，根据短视频的播放量、点赞量及评论进行选品。在发布短视频时，电商公司要注意以下两个方面。

（1）展示产品的特性：要想吸引买家的关注，就要在短视频中展示产品的特点、独特功效等，以表明产品的价值。

（2）展示价格优势：价格是买家关注的重要因素，在短视频中展示产品的价格优势能凸显产品的高性价比。

电商公司需要对短视频的播放数据进行分析，并据此选择要销售的产品。与此同时，电商公司也可以在抖音上接入自己的网店，便于买家直接购买产品。

> 💡 **小提示**
>
> 在社交媒体平台上，热销产品有很多，电商公司要根据自己的定位进行选择。如果电商公司大量选品，但产品的销售情况没有达到预期，就会造成库存积压，这不仅会提高仓储成本，而且会影响公司的现金流。

3.1.2　时刻关注网店的数据

电商公司在选品时虽然不能只关注销量好的产品，但产品的销量也一定不能太差。如何判断产品的销量呢？可以查看网店的销售记录，具体的操作方式如图 3-3 所示。

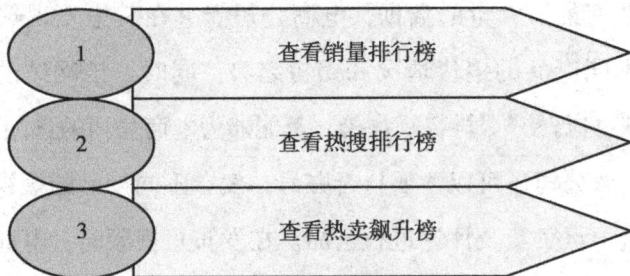

图 3-3　判断销量的方法

（1）查看销量排行榜

电商公司在选品时可以从销量排行榜中找出热销产品，然后分析热门网店，了解该网店的信用等级、销量、人气、评价等信息。通过对热销产品和热门网店的调查，电商公司可以挑出一些销量比较好、有可能会大卖的产品。

（2）查看热搜排行榜

通过查看热搜排行榜，电商公司可以更直观地了解市场的需求情况，如某类产品的趋势图、买家属性、地区占比等，从而确定经营方向。

（3）查看热卖飙升榜

电商公司可以从热卖飙升榜中看出某类产品的销量增长速度和人气涨幅情况，因为这个榜单是根据销量增长速度的快慢和人气涨幅的大小排列的。热卖飙升榜有助于电商公司掌握各行业的发展趋势，了解哪些产品最有发展潜力。

💡 小提示

对于电商公司来说，产品是关键。电商公司在选品前要想想产品靠谱吗？适合自己吗？如果答案是否定或有所迟疑的，不妨再重新考虑一下。

电商公司只有找到既靠谱又适合自己的产品，才能在激烈的竞争中立于不败之地。

3.1.3　通过试销判断市场反应

试销就是尝试销售，即先小批量采购样品，将样品放到市场上销售，看看反响如何，再决定是否正式推出。这种方式比较适合新推出的产品。接下来，笔者从三个方面为大家详细分析试销的内涵。

（1）试销的优点

试销的优点非常明显，那就是可以降低进货量，因为是小批量采购，所以一般都是即需即供。电商公司可以通过试销了解买家对产品的喜爱程度，也可以及时发现产品的不足，并做出调整。

（2）试销的弊端

第一，因为试销与真正进入市场的销售有一定区别，所以即使很成功也不能完全将其当作销售业绩；第二，试销的费用比较高，耗时比较久，而且准备正式进入市场的产品也面临下架的风险；第三，试销的产品可能被竞争者模仿，使市场竞争更加激烈。

（3）影响试销的因素

地域差异、预测结果、竞争对手、数据分析等都可能成为影响试销结果的因素，电商公司要想掌控这些因素是非常困难的。所以，电商公司必须合理调整试销的目标，除了降低进货量以外，还要和供应商提前沟通好相关事宜，例如，试销产品滞销、过季或过期等情况要如何处理。

试销适合销售新推出的产品，如果供应商有合适的货源，电商公司可以大胆试验一下，也许可以取得不错的销售业绩。不过，电商公司也要理性看待试销，虽然新推出的产品在短期内可能没有太大的竞品压力，但培育市场、吸引买家都需要投入资金和资源。所以，电商公司要做综合考量，制定最佳的试销方案。

💡 小提示

通过试销提升竞争力，需要电商公司正确看待选品问题。在选择试销产品时，电商公司要找到符合自身风格的差异化货源，这样才可以赢得买家的心。

3.1.4　江湖铺子岳云鹏星店：专供河南特产

如今，淘宝、京东、当当等电商平台不仅吸引了电商公司的加入，也吸引了明星的加入。例如，著名相声演员岳云鹏（粉丝爱称"小岳岳"）就开设了自己的网店"江湖铺子岳云鹏星店"，并取得了一个月销售 1.7 万份烩面的成绩。下面就为大家重点分析岳云鹏的网店。通过此次分析，笔者希望大家可以在选品和运营方面获得一些启发。

"江湖铺子岳云鹏星店"有以下两点优势，这两点优势也是支撑其获得良好发展的重要因素。

（1）主要销售河南特产

"江湖铺子岳云鹏星店"主要销售河南本地美食，包括辣酱、烩面、卤鸭肉、卤鸡肉等。开业前夕，岳云鹏在微博上为自己的网店造势，转发量和评论量一路飙升，点赞量更是突破 4 万个。开业期间，该网店的销量非常亮眼，如烩面销售 1.7 万份、辣酱销售 1.86 万瓶。粗略估计，开业当月，该网店的营业额大约可以达到 70 万元。

此外，产品的包装均配以岳云鹏的卡通形象，有戴黄色头巾、穿蓝布衫的卡通形象，也有穿红色长袍的卡通形象。岳云鹏是河南人，所以将河南特产作为网店的主打产品。随着运营的不断优化，该网店的产品体系也越来越完善，还重点推出了礼盒产品。

（2）价格平民化

根据大多数人的理解，明星开网店，产品的价格不会太低，但岳云鹏的网店不是如此。该网店的产品价格亲民，基本在 20~50 元。

价格平民化是岳云鹏对自己网店的定位。相比其他明星的网店，该网店的产品价格不高，是大多数买家都可以接受的。

> 💡 小提示
>
> "江湖铺子岳云鹏星店"定位于河南特产，先利用岳云鹏的明星效应吸引买家，再凭借良好的口碑和平民化的价格赢得买家的关注与支持。

3.2　电商选品有术也有道

电商公司需要知道哪些产品不适合在网上销售，掌握紧跟爆款选品法，并了解主流电商平台的选品原则。

3.2.1　哪些产品不适合在网上销售

哪些产品不适合在网上销售呢？请注意，这里说的是"不适合"不代表一定不能卖，而是说这类产品很难在网上打开销路。另外，不适合销售的产品还包括国家明令禁止销售的产品。

几乎每个电商平台都有数百万家网店，销售的产品也形形色色，销量自然有高有低。一般来说，不易运输的产品不适合在网上卖，特别是价格高昂且非常易碎的产品。如果买家收到破损的产品，退货或换货的概率会随之增加。

对于大多数电商公司来说，运营一家甚至多家网店已经很不容易，所以最好不要销售风险太高、利润不稳定的产品。

此外，复购率低、有竞争壁垒的产品也不适合在网上销售。例如，某些有竞争壁垒的产品由大型电商公司垄断，对于此类产品，中小型电商公司很难在销量上有所突破。所以，中小型电商公司要根据自身的实际情况选择要销售的产品，只有客观分析优劣势，做好运营规划，才能有的放矢，创造高销量。

💡 小提示

零食、日常用品、服装、鞋帽、化妆品、饮品、移动通信配件、饰品、保健品等产品适合在网上销售。例如，很多电商公司都可以采购服装在网上销售，只要服装的款式和质量不是太差，就可以取得不错的销量。

3.2.2 紧跟爆款选品法

紧跟爆款选品法是电商公司合理选品的有效手段。如何做到紧跟爆款呢？电商公司需要把握市场趋势和消费需求，具体可以从以下 3 个方面入手。

（1）订阅关于市场趋势的内容

订阅、浏览有关市场趋势的内容，有助于电商公司更好地了解消费需求、市场趋势等行业大背景，为选品提供方向。当某个产品因为热播综艺、热播电视剧而销量上涨时，这个产品就很可能成为爆款。

（2）关注产品测评类内容

产品测评类内容会对一些新上市的产品或对同类型、不同品牌的产品进行测评，对于正在选品的电商公司而言，这些内容可以提供可靠、丰富的选品资源。当发现大量的测评视频在测评同一类产品时，这类产品很可能成为爆款。

（3）通过电商平台进行搜索

在电商平台上，不同产品的销售趋势能够反映市场情况及消费需求。热销的产品可以作为电商公司选品的参考。阿里巴巴是全球最大的电商平台，在售产品多达数十万种，电商公司可以在该平台上分析不同产品的销售趋势，寻找爆款，还能够在该平台上找到合适的供应商。

通过上述分析，电商公司能够发现爆款并及时跟进。在使用紧跟爆款选品法时，电商公司要注意当市场中出现爆款时不要随意跟品。一些电商公司通过这种方法选品，但经过一番操作后发现自己对于销量很高的爆款一件也卖不出去，或当下卖出去了，但退货率也很高，最终得不偿失。

跟品需要谨慎，因为这是一件充满风险的事。部分电商公司在找到爆款后，不对其进行市场分析便立即跟进，这样往往会导致亏损。在跟进爆款时，电商公司需要关注两个重点。

首先，电商公司获得信息的时间也许不及时，这就导致即使信息是真的，但在跟品时，消费者的购物需求已经饱和，导致产品难销售。其次，即使电商公司获得信息足够及时，但一旦某个品类出现爆款，就会有大量的竞争对手跟进，消费者的购物需求是一定的，激烈的市场竞争也会导致产品难销售。

💡 小提示

在使用紧跟爆款选品法时，电商公司要分析产品的生命周期。因为某一热点事件产生的爆款的生命周期往往较短，而因为某些长期火热的知名 IP 产生的爆款的生命周期则会很长。

3.2.3　主流电商平台的选品原则

当新的销售季来临之际，很多电商公司还在纠结如何花钱为自己的网店带来流量，一些成熟的电商公司已经在精心选择要重点推出的产品，并准备了充足的预算，倾尽全力去打造属于自己的爆款。对于淘宝、京东、拼多多、唯品会等主流电商平台来说，打造爆款的方法其实大同小异，关键就在于选品。

如何针对主流电商平台选品呢？这一直是电商公司关心的问题。在羊群效应的影响下，许多电商公司都打着爆款的幌子，导致推广的效果大不如前。接下来，笔者就介绍一些选品知识，帮助电商公司打造爆款，提高转化率和客单价。

关于选品，电商公司应该掌握以下几个要点，如图 3-4 所示。

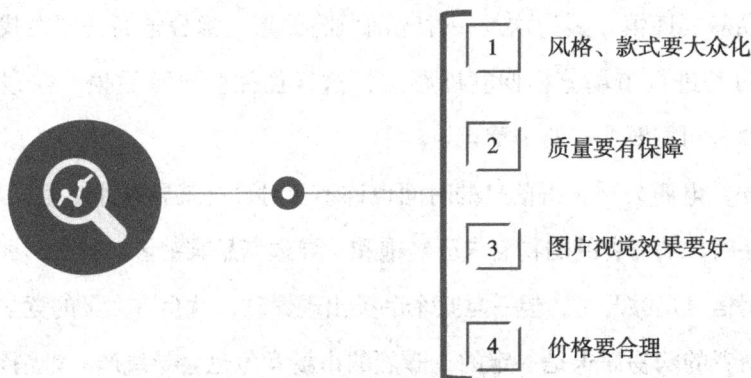

1	风格、款式要大众化
2	质量要有保障
3	图片视觉效果要好
4	价格要合理

图 3-4　选品的要点

（1）风格、款式要大众化

产品的风格要有大众化的元素，这样才可以尽可能扩大受众面。有广泛的群众基础，电商公司的销售工作才可以更顺利。产品的款式要适合大多数消费群体。例如，某款式的高腰吊带裙基本没有腰围等限制，这样就可以在原有买家的基础上又向外围辐射一批消费群体，让原本已经宽泛的买家基数变得更庞大。

（2）质量要有保障

质量一直是电商公司竞争的关键，有些产品非常便宜，但消费者买到后没用多久就坏了，甚至还没用就出现了问题，这样的产品一定会伤害消费者，从而使电商公司失去回头客。因为质量差的产品让消费者的购物体验变差，他们肯定会对产品失去信心，还可能会对电商公司造成负面影响。如果电商公司的产品质量过硬，消费者不仅会买下产品，还会自愿为产品进行口碑传播。

（3）图片视觉效果要好

对于电商公司来说，图片是第一"销售员"。产品的图片给消费者的感觉应该是"这个产品的风格和款式是独一无二的，是最适合自己的，一定要购买"。另外，在必要的情况下，电商公司还可以通过图片做限时暗示，引导消费者尽快下单。

（4）价格要合理

现在，50% 以上的买家都是因为产品便宜才购买的，这就要求电商公司选择价格合理的产品。产品的价格如果低于买家的预期，就能更好地吸引买家，迅速促成转化。如果是爆款，甚至不需要太高的利润。因为这类产品的作用是促进销量，提升转化率和日均单数。如果可以，产品的价格越低越好，并且尽量包邮。

💡 小提示

以上选品的要点不仅适用于主流电商平台，也适合一些小众电商平台，如小红书等。掌握这些要点，有助于电商公司打造优质的爆款。

3.3 去哪里找电商好货源

电商公司要想做好采购，找货源是关键。电商公司应该去哪里找靠谱的货源呢？渠道有很多，如直接与工厂合作、承包品牌积压库存、B2B 平台进货、买手 / 代购制、外贸尾单等。电商公司掌握了这些渠道，就可以采购到价格合理、买家喜欢的产品。

3.3.1 直接与工厂合作

直接与工厂合作是电商公司寻找货源的渠道之一，这个渠道的优势包括出厂价低、利润空间大、货源充足稳定、有退换货服务等。所以，电商公司可以和工厂进行合作，主要有两种方式，如图 3-5 所示。

图 3-5 电商公司与工厂合作的方式

52

（1）直接从工厂拿货

有些工厂本身就为大品牌做代工、代销，算是比较高级的批发商。如果电商公司想与某工厂合作，就可以直接和工厂谈判，从工厂进货。这样既能拿到品牌正品货，也可以减少中间环节，降低成本，提高利润空间。当然，电商公司需要提前和品牌商沟通，得到品牌商的认可。

一般来说，直接从工厂进货比较靠谱，因为货源齐全，款式新颖，很容易受到买家的追捧。工厂的生产模式往往是大批量生产，会要求电商公司整箱、整批进货。这时，电商公司要和工厂沟通。例如，答应工厂采购 1 万件产品，但款式需要自己确定，因为同一个系列的产品往往有多种款式、规格可以选择。

（2）与工厂合作生产

合作生产是直接让工厂为自己生产产品，如生产 2 万件某款产品。在这种情况下，电商公司可以和工厂签订合同，产品的款式、价格要以适合销售为主。与工厂合作生产的好处是买家提交订单后，电商公司直接从工厂发货。这样不仅可以赚取差价，还可以最大限度地实现零积压与零库存；弊端则是电商公司无法实时监督生产，如果订单的数量比较少，工厂很可能不愿意为其单独开设生产线。

从工厂直接拿货看起来比较不错，但如果不控制好成本，也会大大压缩电商公司的利润空间。而且，工厂往往会要求大批量进货，如果电商公司无法满足该条件，就要与工厂有技巧地沟通，争取以最低的价格进货。

💡 小 提 示

　　货源问题是关系电商公司经营成败的一个关键，电商公司必须仔细考虑，争取保证销量与库存的平衡。

3.3.2 承包品牌积压库存

承包品牌积压库存也是电商公司寻找货源的一个渠道。有些品牌会将积压库存以较低的价格销售出去，电商公司可以以此为突破口寻找合适的货源。而且，品牌的产品在买家心中本身就有很高的认可度，所以承包品牌积压库存是电商公司获得盈利的途径。对于电商公司来说，将品牌积压库存作为货源具有以下三个优点，如图 3-6 所示。

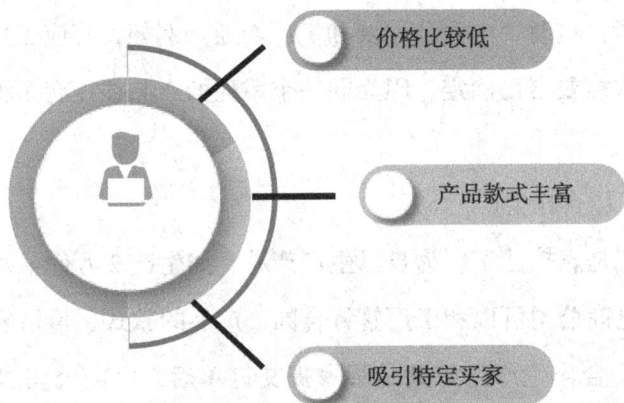

价格比较低

产品款式丰富

吸引特定买家

图 3-6　承包品牌积压库存的优点

（1）价格比较低

因为是品牌积压库存，所以采购的价格通常不会太高。当然，具体的价格也要看电商公司的谈判能力，沟通得当可以节省不少进货款。

（2）产品款式丰富

品牌的产品款式比较多，单款爆品也不少，只不过可能因为有些过时而造成库存积压。如果电商公司建立稳定的品牌积压库存采购渠道，就可以很好地解决货源问题。

（3）吸引特定买家

有些买家会专门在电商平台上搜索心仪品牌的积压库存，目的是以低价入手产品，而不在意产品是否流行。

不过，承包品牌积压库存也有局限，最重要的就是产品的销路问题。如果品牌积压库存的数量较多，而电商公司的承受能力有限，可能无法在短时间内完成销售。此外，电商公司还要考虑资金风险，不要让自己遭受损失。

品牌积压库存多半是过时的产品或有瑕疵的产品，如果电商公司经营不当，很容易将品牌积压库存变成自己手中的积压库存。针对这个问题，电商公司要有综合性规划。例如，什么样的品牌积压库存可以当作货源？如果品牌积压库存的包装破损、陈旧变形，电商公司还要自己重新包装，这也会增加一部分成本。

小提示

将品牌积压库存作为货源，既有优势，也有风险。电商公司要根据自身情况进行合理规划，完善进货制度和营销方案。

3.3.3　B2B平台进货和买手／代购制

如今，B2B 平台进货和买手／代购制受到很多电商公司的青睐。

（1）B2B 平台进货

B2B 平台主要面向电商公司，是电商公司的进货渠道之一，可以将采购业务和销售业务直接联系起来。而且，电商公司通过 B2B 平台进货属于线上寻找货源，减少了实地寻找货源的周折和麻烦，降低了采购成本。电商公司可以在网上联系批发商或分销商，等到确定货源后直接卖给拍下订单的买家，整个过程都是线上操作，既方便又快捷。

目前，我国主要的 B2B 平台有阿里巴巴 1688、中国制造网、马可波罗网等。当然，各行业也会有专业的 B2B 平台，如服装类的中国服装网等。在这些 B2B 平台上进货的优势是成本比较低、选择空间比较大，适合小批量、多款式的组合型进货。

同时，通过 B2B 平台进货也有不足之处，如进货价格高、运费不低、买家给出中差评等。因此，电商公司一定要慎用 B2B 平台进货。

（2）买手／代购制

众所周知，大部分奢侈品网站的货源都采用买手制，即通过海外代购从品牌商拿货，品牌商也会有自己的买手到全球各地采购当季新货。电商公司可以借鉴这种方式，由买手或代购进货，例如，由买手在英国的牛津街进货。

在使用买手／代购制时，电商公司需要有敏锐的市场洞察力，能够对当季新货有所把握。一般来说，因为进货量不多，所以电商公司的库存压力比较小；但不足之处是货源量不大，很难打造爆款，所以比较适合走小众化路线。

💡 小提示

通过 B2B 平台进货适合有一定经验的电商公司，因为这些电商公司能够比较精准地把握货源质量。买手／代购制的进货方式比较适合追求款式与潮流的小型网店，因为这种进货方式的进货量不太大，而且更新速度很快，有利于吸引比较挑剔的买家。

3.3.4　外贸尾单

外贸尾单也是电商公司可以选择的产品。外贸尾单的原意是工厂在生产完品牌商的正品后剩下的少量不合格产品或原料加工产品。

以服装为例，大型品牌商可能只负责设计和选料，特别是没有自营工厂的品牌商会将生产任务外包给专业的工厂。如果订单合同为 30 万件服装成品，工厂往往会多预留出一些布料以防万一，由这样的布料生产的服装就属于外贸尾单。

外贸尾单的产生主要有两个原因：一是工厂将计划报废的物资加工为成品以减少损失；二是在加工的过程中由于种种问题，成品未通过检验，工厂决定由外贸转内销。虽然外贸尾单大多是不合格产品或原料加工产品，但质量、款式等还是有保证的。

由于外贸尾单通常以接近成本的价格批发出去，但质量和款式同正规成品一样，因此可以成为电商公司的进货方式。外贸尾单的优势不仅在于价格较低，而且款式和质量也比较靠谱。当然，外贸尾单和专柜产品相比还是有一定差距的。

小提示

电商公司如果将外贸尾单作为目标产品，一定要在进货时仔细检查，避免因为贪图便宜而盲目入手，导致库存积压，挤压资金链。

第 4 章

采购成本控制：最具性价比的采购方案

////////////////

　　采购成本控制是对相关费用进行管理的过程，包括订单费用、人员费用、运输费用等。电商公司控制采购成本的目的是实现利润的最大化。要想达成此目的，电商公司必须了解采购成本的分类、影响采购成本的因素、降低采购成本的渠道。

4.1 电商的采购成本分类

采购成本是在采购中支出的费用，其中有一些是比较容易分析出来或可以直接从财务报表中得出的费用，即显性成本；还有一些是看不见的，比较难分析或容易被忽略的费用，即隐性成本。

4.1.1 显性成本：运营、快递及仓储成本

在采购的过程中，有哪些成本可以归类为显性成本呢？主要有三种，包括运营成本、快递成本、仓储成本。

（1）运营成本

运营成本可以细分为采购方案编制成本、采购管理成本。

采购方案可以帮助电商公司更好地预测和掌握生产计划，确保在满足产品生产要求的前提下降低运营成本。电商公司在编制采购方案时，需要对市场进行全面分析，并在此基础上调整订单，评估和选择供应商。在采购时消耗的费用是采购管理成本，主要包括招标成本、建设成本、招待费用、办公费用及差旅费用等。

（2）快递成本

货物运输会产生费用，其中最重要的就是快递费用。对于电商公司而言，选择合适的运输方式可以节省一大笔快递费用。尤其是规模比较大的电

商公司更应该重视运输环节，合理规划路线，最大限度地降低快递成本。

此外，从供应商运输来的货物通常需要接受检验，在检验合格后才可以进入仓库。为了防止不符合要求的货物进入仓库，电商公司要严把检验关。如果等到货物进入仓库后才发现问题，电商公司就需要承担退换货物产生的快递费用。

（3）仓储成本

仓储成本是指货物在存储时产生的费用。首先，货物要存储得当，最好分类管理，例如，重点注意一些特殊性质的货物，包括容易破损、变质的货物；其次，建立并妥善保管库存档案，及时对货物进行盘点。如果有太多积压的货物，也会增加仓储成本。因此，科学、合理地进行仓储管理是降低仓储成本和采购成本的有效措施。

💡 小提示

　　在采购成本中，显性成本通常会占到 60% 以上。因此，如果电商公司可以对显性成本了然于胸并使其得到有效控制，那么采购成本将进一步降低，自身的市场竞争力也必将得到提升。

4.1.2 隐性成本：订单处理、缺货及库存积压成本

在采购的过程中，除了显性成本以外，还有不可忽视的隐性成本。那么，哪些成本可以归类为隐性成本呢？主要包括以下几种。

（1）订单处理成本

电商公司在处理订单时，如果耗费的时间过长，就会产生一定的成本。因此，电商公司应该提前做好准备，为买家建立精准的画像，用更短的时间处理订单。此外，电商公司也要对客服人员做好培训，保证他们可以及时解

答买家的疑惑。

（2）缺货成本

缺货成本是因为库存不足或供应中断、不能满足正常生产经营需要而消耗的费用。在财务报表中，这部分费用通常是体现不出来的。不过，一旦真的出现缺货等情况，不仅会为电商公司带来很大的经济损失，还会对电商公司的形象和声誉造成不良影响。

（3）库存积压成本

库存积压成本是因为库存过多而导致货物积压产生的费用。货物一旦积压，快递费用、仓储费用都会增加。如果积压的货物过多，还会占用电商公司的发展资金。此外，如果在保管货物时出现一些由于操作不当而产生的不良后果，如货物损坏等，那么电商公司也要遭受一定的损失，这不利于电商公司的发展。

💡 小提示

在采购时，其他容易被忽视的成本也要得到应有的关注，如供应商投标成本、标书论证成本、信息发布成本等。总之，电商公司要制定有针对性的方案与策略，根据不同的货物区分采购成本的侧重点，重点分析影响采购成本的因素，降低显性成本和隐性成本。

4.2 如何控制电商的采购成本

采购涉及的部门和人员、采购的数量和次数、交货的时间和地点、货物的价格等因素都会影响采购成本。也就是说，电商公司要想降低采购成本，必须考虑全面。

4.2.1　遇到购物狂欢节也要控制采购数量

采购数量会对采购成本产生影响，通常需要各部门共同探讨，并与采购人员和供应商提前商定。如果采购数量掌控得好，则会有效降低采购成本，实现利润的最大化。

小赵是某淘宝网店的店主，她把网店的其他工作都安排给了相关人员，自己全权负责采购工作。之前，小赵和一个化妆品品牌进行洽谈。在洽谈的过程中，对方的负责人表示能给她一个超低价格，于是她一次性采购了 2 000 支口红。

该品牌的负责人非常爽快，承诺 3 天就可以到货。但到货后，仓库的口红区爆满。于是，小赵让销售团队迅速开展促销活动。因为采购成本低且促销力度大，她大赚了一笔钱，决定与该品牌长期合作下去。

小赵和该品牌签订了合同。合同规定，小赵每月 20 日采购口红，每次采购 2 000 支，连续 3 个月，但无法享受之前的超低价格。因为当时是"6·18购物节"，小赵急于采购卖货，所以想都没想就答应了。

到了第一个月的月底，虽然处于"6·18购物节"期间，该品牌的口红还是严重滞销，只卖出了不到 200 支，而第二个月的货还要如期送达。按照这样的趋势发展下去，肯定会把仓库挤爆。于是，小赵向负责人协商减少口红的采购数量，改为每次采购 500 支。但负责人表示，这不符合之前的合同约定，绝对不行。

经过小赵的再三协商，对方答应每次少发 1 000 支口红，但价格要比之前上调20%。小赵同意了，并重新修订了合同。

到了第二个月中旬，仓库里还剩下很多口红。按照这样的销售进度，到第三个月的月底肯定也会积压不少口红。不过，好在已经比之前预计的少了很多。小赵虽然通过与品牌的负责人协商挽回了一些损失，但还是因为过于冲动而积压了不少口红。

在上述案例中，小小的口红就把小赵给难住了，这也证明了采购这个工作看似简单，实则有大学问。采购数量太多，产品卖不出去，就会积压仓库，增加成本；采购数量太少，又会导致断货，影响供应链和销售工作。

在上述事件中，小赵作为店主应该反思的问题有很多。例如，和第一次合作的品牌大批量进货，即使对方的信誉和质量均有保证，也不一定拿到市场上就是紧俏货。而且，当初小赵采购口红就是因为正处于"6·18购物节"期间，价格比较低。但小赵没想到，当口红出现滞销时，自己也陷入被动的局面。

另外，小赵将供应商锁定在一个品牌上，口红一旦滞销，不仅会积压仓库，还会占用其他产品的仓储区。此时，小赵应该想到，如果采购不顺利，仅仅和供应商谈判是很难从根本上解决问题的。所以，她应该考虑得更全面，以备不时之需。

💡 小提示

采购数量是影响采购成本的重要因素，如果电商公司让不专业的采购人员负责采购工作，很可能导致采购成本上涨。电商公司需要从实践中慢慢积累经验，同时做到在采购的过程中全面思考，制定应急预警方案，综合判断采购数量。

4.2.2　加强各部门之间的沟通与协作

电商公司要想降低采购成本，除了尽可能从供应商低价拿货以外，还要从各个部门入手，加强跨部门的协作与沟通。电商公司的采购业务会涉及哪些部门呢？一般来说，采购业务涉及生产部门、设计部门、研发部门、质保部门、财务部门及销售部门。

采购是一个和众多部门打交道的工作，需要跨部门的协作和沟通。如果各部门没有实现通畅的交流，不清楚采购任务，就很容易出现需要紧急补货的情况，这会极大地提高采购成本。下面我们看一下采购部门与其他部门的关系。

（1）采购部门与生产部门

生产部门是货物的实际使用者，与采购部门的关系最密切。生产部门在生产中积累的实践经验与技术优势都可以为采购部门提供帮助，包括货物质量及生产进度等。通过这些信息，采购部门可以确定合理的采购规划，协调自己与供应商之间的合作。

例如，某电商公司的采购部门主要负责采购货物，生产部门则会将生产计划和实际生产情况及时与采购部门交流，告知其所需货物。采购部门需要针对供应商的货物及交付日期等与生产部门进行沟通，以保证生产工作的正常开展。

（2）采购部门与销售部门

杨柳是某线上旗舰店的采购人员，主要负责酒水类产品的采购工作。近期，该旗舰店计划采购一批矿泉水，杨柳便向销售部门询问采购数量。销售主管认为，矿泉水的销售高峰还有两个月，不必急于进货，小批量采购就可以。于是，杨柳打算采购预订数量的一半。

供应商说服杨柳多采购一些，但杨柳以销售主管只承担了一半的销售量、如果卖不出去自己就要负责任为由，拒绝了供应商的提议。结果到了5月中旬，气温快速上升，这批矿泉水不到3天就售罄。

销售部门要求杨柳紧急采购，但供应商表示现在货源紧张，如果紧急采购就必须加钱，这样使旗舰店陷入了被动的局面。杨柳和销售部门都认为之所以会出现这种情况，完全是对方的责任。

电商公司的采购部门和销售部门要密切配合，做好协商和沟通，一旦出现问题就要及时解决，不能互相推诿。

（3）采购部门与仓储部门

仓储部门主要负责储存货物。为了充分利用仓库，仓储部门需要提前从采购部门获取一些信息，包括货物送达时间、价格趋势及替代货物等。同时，采购部门也需要仓储部门提供应采购的货物，以便及时补货。

采购部门与仓储部门的沟通可以有效避免仓储空间积压或库存不足的现象，也可以帮助电商公司节省采购成本。

（4）采购部门与财务部门

采购部门与财务部门的沟通集中在货款的交接与支付上。采购部门从供应商拿货，需要财务部门及时付款。如果这个环节拖沓，很容易影响供应商的发货速度。同时，销售部门还会认为采购部门工作不及时，导致供应商无法供货，影响销售。

当然，除了以上四个部门，采购部门还可能与其他部门产生交集，具体要看电商公司的部门设置与人事安排。总之，采购部门需要与其他部门做好沟通与协作。另外，采购人员也会由于职位与职责的不同，需要与不同的部门沟通。例如，采购经理的工作重心是监督与指导，负责与各部门的领导进行交流。

之所以要重视采购成本的控制与管理，就是因为采购部门属于敏感型部门，与财务部门一样掌握着电商公司的经济命脉。对于电商公司来说，采购的本质不仅是花钱购买货物，更是花钱拓展渠道、执行发展规划。

💡 小提示

电商公司的采购经理和采购人员需要在跨部门的沟通与自我管理中认真执行相关条例和规定，灵活处理与各部门的关系，争取合作完成采购任务。

4.2.3　合理利用快递包装

买家对产品的第一印象来源于包装。如果买家看到自己购买的产品被磕碰挤压甚至损坏，很容易给出中评甚至差评。即使在电商公司发货时包装和产品完好无损，但在快递分拣的过程中也难免会出现问题。所以，电商公司要特别重视包装的问题。

另外，邮费会根据产品重量的不同而发生变化。可以说，邮费也是销售成本的一个组成部分。所以，电商公司要考虑邮费，做出既合理又能省钱的包装。

从包装的好坏能看出电商公司是否用心，千万不要小看了这个环节，它关乎产品能否完好无损地送到买家手中。如果因为包装不合理导致产品在运输的过程中损坏，那就得不偿失了。快递公司用于包装货物的东西分为文件袋和塑料袋两种，如果电商公司可以对其进行合理利用，也会省下一部分钱。

（1）合理利用文件袋

快递公司的文件袋是用牛皮纸做的，一般用来装文件，但稍微改装一下也可以装一些体积不大的产品。因为快递公司提供的文件袋是免费的，电商公司可以让快递人员多拿一些，这样就不用另外买箱子。

（2）合理利用塑料袋

对于一些体积稍微大又不怕摔的产品，电商公司可以用快递公司免费提供的塑料袋盛放，这样就省去了买箱子的费用。笔者在这里要提醒电商公司，虽然降低快递成本是电商公司的目标，但千万不要为了实现这个目标而用塑料袋装一些贵重的产品，这样很容易得罪买家。如果得罪了买家，最后吃亏的还是电商公司。

除了文件袋和塑料袋以外，还有五种包装比较常见。

（1）瓦楞纸箱

瓦楞纸箱适合包装易碎、怕挤压的产品，可以有效地保护产品，降低产品被挤压的风险。电商公司可以在事先定制的瓦楞纸上打印广告信息，如微信二维码、网店名称等，这样既美化包装，又增强营销效果。

（2）珍珠棉

珍珠棉适用于包装精密电子类产品，优点是干净美观，有很好的缓冲性，而且环保可回收。电商公司可以根据实际需要，向厂家定制特殊尺寸的珍珠棉。

（3）气泡膜

如果产品的体积很大且怕挤压，就可以使用"瓦楞纸箱＋气泡膜"的组合包装，确保产品到买家手中时完好无损。气泡膜适用于包装易碎品，可以起到缓冲的作用。珍珠棉和气泡膜都属于内包装，电商公司可以有针对性地选择使用。

（4）气柱包装袋

气柱包装袋的优点是减震效果好，适用于电子产品、玩具、酒类饮品等。同时，气柱包装袋也要配合瓦楞纸箱使用，以增强保护作用。

（5）泡沫箱

泡沫箱适用于生鲜产品，具有保温、防水、防挤压、成本低廉的优点。例如，经营生鲜水果的电商公司会用"泡沫箱＋冰袋"的组合包装对产品进行保鲜。另外，海产品的腥味比较重，泡沫箱可有效封闭腥味。

💡 小提示

电商公司应该注意，不要使用易变形、不牢固的包装箱包装产品。当产品在包装箱内有空隙时，一定要用缓冲材料填充，否则很可能在运输过程中破损。

4.3 如何降低电商的采购成本

电商公司要想降低采购成本，必须多渠道并行、多措施并举。例如，通过集权采购减少风险，降低时间成本；运用 ABC 分类法，按照货币价值的高低控制采购成本。此外，电商公司也可以采取竞争招标法，从供应商着手降低采购成本。

4.3.1 目标成本法：通过利润倒推采购成本

目标成本法是一种以市场为导向，对有独立的制造过程的产品进行利润规划和成本管理的方法。因为在产品的设计和研发阶段就设计好了成本，所以该方法的优势是可以提前降低成本，而不是在过程中降低成本。

目标成本法最先是由日本制造业创立的一种成本管理方法，通常以给定的竞争价格为基础决定产品的成本，以保证实现预期的利润。该方法的操作流程是首先确定对方会为产品或服务付出多少钱，然后据此设计产品或服务及相应的运营流程。

目标成本法使成本管理从传统的"目标利润＝销售价格－成本"转变为"收入－利润贡献＝目标成本"，即提前设定好收入与利润，得出目标成本，再按照目标成本进行产品管理。目标成本法可以分解为三个环节：第一，确定目标，层层分解；第二，实施目标，全方位监控；第三，评定目标，奖惩兑现。

通过目标成本法的三个环节，结合采购工作的特征，电商公司需要在正式采购前制定采购的目标成本，然后用目标成本倒推采购活动，以确保采购成本在目标成本之内或等于已经制定的目标成本。

电商行业的采购活动非常复杂，一个规模比较小的网店都可能需要采购多种类型的产品。因此，电商公司就更应该提前制定采购的目标成本，以降低采购成本。

某电商公司开辟了一个全链路式的服装项目，需要采购一批质量上乘的布料。经过商议，该电商公司决定采用目标成本法，力求从内部降低采购成本，也就是从制定预算开始，提前对采购布料需要的成本进行核算。

有一批布料需要从工厂送到生产部门，经过协商，该电商公司决定将其与另一批布料装进同一辆货车中。同时，受另一批布料的影响，该批布料到达生产部门的时间虽然比原定计划晚了一天，但并没有影响整体的生产进度，也节省了运输的成本。

另外，在与供应商的合作中，该电商公司也采用了目标成本法，对供应商进行规划，确保布料按时、按质、按地点送达。对于可以合并的布料，该电商公司决定让一家供应商运输，这样可以减少运输成本，提升运输效率。

对于非主要供应商的合作，该电商公司采用了公开竞标的方法，利用供应商之间的竞争压低布料的价格，从而以最低的价格采购布料。为了加强对供应商的管理，该电商公司除了采用公开竞标的方法以外，还对各供应商进行严格的绩效管理，以评价供应商在合作期间的供货服务。

该电商公司对供应商的供货服务进行考量和评定，以结果为导向，通过增大或减少供应份额、延长或缩短合作时间，促使供应商改善供货服务，降低服装项目的总成本。最终经过核算，该电商公司的总成本下降了5%，布料的采购成本下降了10%，而且积累了不少降低成本的经验。

目标成本法是将各相关因素放到市场中进行综合考量，在采购开始前预见问题、降低成本。当然，以目标成本法对采购活动甚至电商公司的运营进行管理不仅是追求成本的下降，还要考虑各相关利益体。如果单独降低某项成本而不考虑其他方面，实际上也不是实现目标成本法的核心目的。

> 💡 **小提示**
>
> 电商公司应该建立全流程的目标成本管理理念，以整个采购活动为出发点，制定降低成本的战略和操作指导。在目标成本法的管理下，有些采购成本会下降，但有些也会上升。因此，电商公司需要综合看待该方法对采购成本的优化。

4.3.2　竞争招标法：对供应商进行牵制

电商公司发布面向全社会的招标公告，吸引有兴趣的供应商参加投标竞争，然后从中择优录取，这种方式就是公开招标，也称为竞争招标。竞争招标的基本程序为招标、投标、开标、评标、决标及签订合同。

（1）招标：根据采购需求编制招标文件（招标文件是电商公司向供应商发出的邀请文件，包括项目需求、招标活动规则和合同条件等信息，同时也是招标活动的主要依据，对参与招标活动的各方均具有法律约束力），发布招标公告。

（2）投标：有兴趣的供应商根据招标要求填写招标文件，并将其投送给电商公司。

（3）开标：电商公司在预先规定的时间和地点正式开启供应商的投标文件。

（4）评标：电商公司根据规定对投标文件进行审查和评比，选出最合适的供应商。评标是非常重要的工作，电商公司应按照公开、公平、公正的原则做好这项工作。

（5）决标：在评标后择优选定供应商。

（6）签订合同：双方根据规定签订合同。

某电商公司为了获得更好的发展，决定扩展 LED 广告牌销售业务。经过一番市场调查和分析，该电商公司采用了竞争招标法，预计投入 200 万元。LED 广告牌是该电商公司不熟悉的领域，招标公告一发出，很多供应商便纷至沓来。这种众多供应商相互竞争的局面使该电商公司的选择性变得很高。

该电商公司严格按照竞争招标的程序进行，经过投标、开标、评标、决标等一系列环节，最终在满足质量与服务要求的多个供应商中选定了一个价格比较合适的供应商。由于产品本身不是很小众，因而从招标到选定供应商只用了不到一个月的时间，与普通的方式相比也没有加大时间成本。

> 💡 小 提 示
>
> 如果是第一次采用竞争招标法的电商公司，很可能会在不熟悉的领域节省资金，同时也会对此方法产生新的认识，从而在以后的采购工作中有更多的选择。

4.3.3 集权采购：集中采购，避免内部竞争

集权采购通过把采购权与有需求的较低层级剥离开来，以强化较高层级对较低层级的监督与控制，这其实体现了一定程度的家长制特征。集权采购的核心是集中采购，直接好处是降低风险和时间成本。

对于一些规模比较大的电商公司来说，除了一般货物由自己采购以外，其他大型或大批量货物都由总部采购。这也是一般意义上的集权采购，即电商公司向总部报告需要的货物，然后由总部统一负责采购，这样可以节省决策时间和沟通成本。

某电商公司的运营机制就是中央集权式的总部直管，即由总部统一管理各大供应商。此外，产品的价格、促销活动等也都由总部掌控。在实际的运行过程中，总部将采购人员聚集在一起，集中做出采购决策。这种模式使该电商公司的供应商数量减少，有利于降低采购成本。

集权采购主要有四种模式：第一，集中定价、分开采购；第二，集中订货、分开收货付款；第三，集中订货、分开收货、集中付款；第四，集中采购后调拨。以集中订货、分开收货、集中付款的模式为例，其运作流程如下。

首先，电商公司提出采购申请，递交货物单，由总部进行汇总、调整；然后，总部的采购部门负责与供应商洽谈，制定货物和价格等采购事宜，并且负责集中订货工作；最后，总部分发货物，电商公司根据收货通知单或采购订单进行收货及入库。

北京某电商公司是一家大型集团，下属的网店多达几十家。在采购方面，各网店虽然有共同的采购需求，但由于时间差的存在，每次集中采购前半个月，总部的采购人员都要统计各网店的采购需求以计算总量，再根据总量向供应商提出采购需求。

2020年1月，总部向各大供应商提出800万元的采购需求，并以该体量获取供应商的某些优惠条件。事实上，该电商公司虽然采用集中采购，但各网店往往由于各种原因未能及时上报需要的货物。

例如，某网店应该在2020年3月15日向总部的采购部门递交采购申请清单，结果到了18日才发现还需要一项货物，但已经来不及。这时，网店就有权自主寻找供应商，特别是在采购需求量不大的情况下。这样的做法很容易造成内部的价格战，因为供应商也是根据总部与网店的报价给出底价。此外，这样的做法也直接导致电商公司的投入比之前至少多1倍，采购成本也因此上涨近百万元。

为了解决这个难题，电商公司将采购的权限收归总部，由总部的采购部门统一负责，各网店仅留有采购跟单的权限。经过半年的调整和运行，该电商公司的采购成本降低了大约200万元。

通过上述案例可以看出，集权采购确实有利于降低采购成本，避免电商公司内部的价格战。而且，集权采购的优势也非常明显：第一，通过集中采购的方式减少了单独采购的费用；第二，集中采购大批量货物时可以向供应商争取最优惠的价格，因而降低了采购成本；第三，减少了间接费用，降低了风险和时间成本。

当然，这并不是说集权采购非常完美，它也有自身的局限性。集权采购处理不当会引发相关部门的利益矛盾。例如，有些部门会认为分散采购可以扩大自己的权限，比较灵活，而集权采购往往有时间差，要上报统计、整理和审核，还容易与供应商发生矛盾，特别是中小型供应商无法适应大订单。

⚗ 小提示

　　是否应该采用集权采购？只采用集权采购这一种模式，还是与其他模式相结合？这些问题需要电商公司根据采购的具体情况确定。总之，无论采用何种模式，核心都是从内部着手降低采购成本。

4.3.4　ABC分类法：提升库存产品管理效率

ABC 分类法由意大利经济学家菲尔弗雷多·帕累托 (Vilfredo Pareto) 首创，即以事物在经济、技术等方面的特性为依据，按照重要性将事物分成 ABC 三类。后来，管理学家戴克（H.F.Dickie）将其应用于库存管理，并命名为 ABC 分类法。接着，约瑟夫·朱兰（Joseph Juran）又将 ABC 分类法应用于质量管理，以便对产品的质量进行分析。1963 年，彼得·德鲁克（Peter Drucker）将这个方法推广到全社会，使其成为提高效益的有效手段。

在采购领域，ABC 分类法是将货物按照价值的高低进行排列。A 类货物的品种占比在 10% 左右，金额占比高达 70%，电商公司需要对此类货物进行严格管理与重点跟踪；C 类货物的品种占比约为 70%，但金额占比只有 5%，此类货物的品种繁多、价值不高，电商公司可以对其放宽控制与管理；B 类货物介于 A 类货物和 C 类货物之间，品种和金额的占比均在正常范围内，电商公司只需要对其进行正常管理。

表 4-1 对 ABC 类货物的分类原则进行了基本概括。

表 4-1 ABC 分类法总结

涉及的方面	具体内容
控制程度	A 类货物：尽可能严加控制 B 类货物：正常控制 C 类货物：最简便地控制
优先级	A 类货物：在一切活动中给予最高优先级 B 类货物：正常处理，仅在关键时给予最高优先级 C 类货物：给予最低优先级

电商公司可以使用 ABC 分类法，即按照货物价值的高低控制成本。在实际操作时，电商公司应该对价值最高的 A 类货物按照严格的规定进行管理，对价值低的 C 类货物仅进行例行控制，对价值相对普通的 B 类货物的重视程度应该稍弱于 A 类货物、强于 C 类货物。

万事万物看似复杂，实际上都存在"关键的少数和一般的多数"的关系。特别在货物品种多而杂、电商公司既想要采购 A 类货物但又不得不赶紧采购 B 类货物，而 C 类货物又在积压库存时，这种关系更明显。

在这种看似无从下手的情况下，电商公司可以将有限的力量用于重点解决具有决定性影响的 A 类货物。同时，在采购一般的 B 类货物和 C 类货物时，电商公司也要投入精力。这就是 ABC 分类法强调的对 A 类货物的严格管理。

电商公司打算采购某批货物时，要运用 ABC 分类法提前对现有库存进行分析，调查库存状况，以指导采购工作。ABC 分类法的实际操作可以分为以下四个步骤。

（1）收集数据

电商公司要对一些重要的数据进行整理，包括各个货物的年度数据、单价、现有库存情况等。当然，如果有条件，数据的收集范围还可以扩大。总之，对于电商公司说，数据收集得越详细越好。

（2）列出表格

电商公司要根据已有数据为每类货物的价值列出表格，具体的统计内容可以根据实际情况确定。

（3）对货物进行 ABC 分类

电商公司要按照销售额的高低对货物进行排列，分析货物的销售情况，计算百分比。例如，按照单位时间段的累积销售额对货物进行排列，前 70% 的货物为 A 类，后 20% 的货物为 B 类，剩余的货物为 C 类。

（4）根据结果对货物进行管理

电商公司要根据得出的结果绘制 ABC 分类表，再制定不同的采购和管理策略。

在得出 ABC 分类表后，电商公司就可以据此对货物进行管理，并了解应该采购哪些货物、每一种货物需要采购多少、如何与相关人员对接等问题。当然，这些都属于执行层的操作，这里就不再赘述。

💡 小 提 示

对货物进行 ABC 分类就是要将货物分为"三六九等"。对 A 类货物，电商公司要严格管理，采购量、采购日期、资金使用等信息必须准确记录；对 C 类货物，电商公司可以适当增加每次的采购数量，减少全年的采购次数；对 B 类货物，电商公司应该提前做好采购规划，并做好定期检查。

4.3.5　按需采购：最大限度降低库存成本

按需采购是根据实际的采购需求开展采购活动，可以避免采购过多或采购不足的情况。按需采购强调对关键要素的整合与利用，如供应商、价格、数量、产品及售后服务等。正所谓在正确的时间做正确的事，既不会多余，也不会短缺。

西安某电商公司实行的是集中采购与部门自主采购相结合的模式，集中采购用于大宗货物的采购，自主采购则主要用于小批量货物的采购。同时，自主采购以按需采购为主，采购总价在1万元以下的货物，由采购经理上报部门主管，经批示后即可采购，但要在指定的供应商中选择。

此外，采购经理也可以根据实际情况对采购数量进行调整。例如，月初采购了一批包装箱，但到月底还剩余10%~15%尚未使用。采购经理在看到此情况后可以减少对包装箱的采购，采取"多次少量"的模式，即每个月少采购一些，以避免浪费。

按需采购比较适用于小批量货物，可以随时采购，价格波动也比较小。但对于小批量货物，供应商又会因为成本问题而拒绝提供。这时就可以寻找固定的供应商，签订长期的供货协议，前提是质量和价格都有保证。

因为按需采购是根据所需货物的数量确定采购方案，所以能够减少不必要的中间环节，降低采购成本。对于数量不多且总价值不高的货物，采购部门可以直接采购，需要多少直接申请多少即可。

另外，对于使用频率低的货物，电商公司也可以采取按需采购的方法，因为此类货物一旦采购就可以使用较长的时间。电商公司通过按需采购的方法采购此类货物，既不会因为采购数量过多而造成浪费，也不会因为采购数量不足而影响供应链的运转。

小提示

对于电商公司来说，如果有采购需求，那么一定要制定详细的采购清单；如果暂时不用采购，那么可以搁置一段时间。总之，既不影响正常生产，也可以节省成本，才是按需采购的本义。

第 5 章

产品评估：产品销量长虹的秘诀

////////////////

　　电商公司在选品时需要对每一种产品进行评估，明确其优缺点及与同类产品的对比情况，从而准确地挑选更具销售优势的产品。

5.1 基于产品属性的评估

电商公司在对产品进行评估时，要评估产品属性，包括产品的尺寸和重量、是快消品还是耐用品、产品的季节性和周转率等。不同属性的产品对成本和利润的影响不同。

5.1.1 尺寸和重量：为包邮留出利润空间

产品的尺寸和重量会对采购成本产生非常大的影响。第一，尺寸大的产品需要更高的包装成本；第二，尺寸大和重量沉的产品对运输方式的要求更高，电商公司可能需要付出更高的运输成本；第三，针对每一种产品，电商公司都需要准备一定的库存，尺寸越大的产品，仓储费用越高。

采购成本的提高无疑会降低电商公司的利润，那么，电商公司能否把采购成本转嫁到消费者身上呢？例如，让消费者在购买产品时支付运费。这虽然能够降低采购成本，但不是长久之计。如今，包邮已经成为主流，如果收取邮费，势必会降低转化率。所以，电商公司在对产品进行评估时需要重视产品的尺寸和重量，让包邮成为运营的基础。

不过，包邮也会压缩电商公司的利润空间。为了在获得利润的同时保证产品的竞争力，电商公司需要控制产品的尺寸和重量，以降低产品的运输成本。

同时，一种产品通常包含多个 SKU（产品最小库存单位，指单个产品的颜色、尺寸等）。以 T 恤为例，可能有大号、中号、小号 3 种尺寸，不同的尺寸还会有不同的颜色，这让 SKU 变得比较繁杂。产品拥有的 SKU 越多，电商公司在数据追踪和库存维护方面付出的成本也就越高。在这种情况下，电商公司需要对产品的 SKU 进行控制。

💡 小 提 示

一般而言，产品的重量和运输成本呈正比，但也有一些产品重量并不高，却需要付出较高的运输成本。例如，当电商公司销售蛋糕、冰淇淋、酸奶等易变质的产品时，就需要克服此类产品在仓储、运输方面的困难并付出较高的成本。因此，电商公司在选择此类产品时需要设置合理的物流时间，并做好运输成本规划。

5.1.2　类型：引流款+主打款+促销款

对于电商公司来说，产品定位非常重要。好的产品是电商公司做强、做大的根本，也是提升销量的根本。差异化的营销应该通过产品的差异化体现。如果产品缺少差异化，一定会降低电商公司的竞争力，甚至影响电商公司的生存和发展。

如何才能体现产品的差异化呢？归根到底，就是要对产品进行定位。接下来，笔者就为大家介绍电商公司应该有哪些类型的产品，如何通过这些产品迅速提升销量。

（1）引流款

流量对于电商公司来说非常重要，代表着人气。流量越多，转化率也就越高。引流产品是电商公司的主推产品。一旦将产品定位为引流产品，也就意味着这个产品将成为电商公司最大的流量来源。

一般来说，引流产品应该是大部分买家都容易接受的，而不是一小部分买家想要购买的产品。此外，引流产品的转化率要高，而且应该有价格或其他方面的竞争优势。在选择引流产品之前，电商公司要做好数据测试，尽量选择转化率高、没有地域限制的产品。

当确定了一款产品作为引流产品时，电商公司首先要观察其数据状况，先给予其比较小的推广流量，经过慢慢测试，等到效果比较理想后再稳步提高其推广流量。这样随着推广范围的不断扩大，该产品的销量一定会迅速上升。

（2）主打款

电商公司可以将利润空间比较大的产品定位为主打产品，目的是靠此类产品为自己带来更多的利润。在确定主打产品之前，电商公司需要对一些信息进行挖掘和分析，如目标消费人群、竞争者及自身优势等。

主打产品的目标人群应该是某一类特定的人群，如婴幼儿、追求个性和潮流的年轻人等。电商公司需要对他们的爱好、特点，以及产品的卖点、款式、设计风格、价格等多方面因素进行分析，综合以上信息做出决策。对主打产品进行定位后，电商公司应该将主体力量注入其中，促使自己的效益得到提升。

（3）促销款

知名度提高了，利润也就随之而来了。为了提高知名度，电商公司需要选择一批促销产品冲销量。促销产品最好是大众非常喜欢的产品，价格也要有一定的竞争优势，这样才能达到更好的效果。

此外，电商公司要让买家看到促销产品的折扣力度，从而让他们产生购物的冲动。一旦买家信赖了产品，复购率就会提升。还有那些陈旧的或尺码不全的产品也可以作为促销产品，这样既可以回收一部分款项，还能清除库存，为好的产品让位。

💡 **小提示**

　　电商公司要想突出自己的优势，就必须做好产品的差异化，把产品细分成引流款、主打款、促销款三种类型，对各种类型的产品采取必要的措施。这样一来，电商公司就能大大提高转化率，从而让自己获得更多利润。

5.1.3　季节性：销售高峰与"双十一"是否重合

　　一些产品的销售情况和季节密切相关，即在销售旺季销量会上升，在销售淡季销量会下降。同时，也有一些产品不受季节影响，能够在不同的季节保持稳定的销量。电商公司需要对产品的季节性进行评估，分析产品是季节性产品还是非季节性产品。

　　季节性产品是在特定季节消费者才会有需求并购买的产品，如冷饮、雪糕在夏天的需求很大，在其他季节的销量则会下降。依据销售情况，季节性产品可以分为两种类型：单峰型和双峰型。

　　（1）单峰型

　　这类季节性产品在一个销售周期内只存在一个销售高峰，可以分为三种类型：第一种为产品在销售高峰期价格上涨，在销售低谷期价格下降，如服装；第二种为产品在销售高峰期价格下降，在销售低谷期价格上涨，如蔬菜；第三种为产品在销售高峰期和销售低谷期价格无变化，如冷饮。

　　（2）双峰型

　　这类季节性产品在一个销售周期内存在两次销售高峰。例如，空调、冰箱在冬季和夏季的销量会上升，在春季和秋季的销量则会下降。

　　在"双十一"期间，消费者的消费需求普遍比较高，这就是电商公司开展促销的机会。如果产品的销售高峰与"双十一"重合，那么电商公司就可以提升销量。所以，电商公司最好选择有两个销售高峰且销售高峰与"双十一"重合的产品。

此外，销售季节性产品存在风险。例如，某电商公司一次性购进了大量的季节性产品，结果在销售旺季结束后还没有销售完，此时就需要进行打折促销或储存到第二年再销售。无论哪种结果，都会降低该电商公司的利润。

因此，电商公司要对季节性产品的数量进行把控，以降低风险。同时，应季产品在销售时的竞争通常会十分激烈，电商公司需要在旺季到来前确定采购数量和销售价格，并把握上架的时机，以吸引更多消费者。

非季节性产品和季节性产品相反，不受季节的限制，销量更稳定。相对于季节性产品而言，非季节性产品具有更多优势。例如，季节性产品的季度销售额差别大，会降低年度销售额，而非季节性产品更新换代快，能够在一定程度上避免库存积压。

在进行产品评估时，电商公司要分析产品是季节性产品还是非季节性产品。如果是季节性产品，则需要对采购成本、采购数量等进行周密的分析，避免库存积压。

小提示

对季节性产品进行评估，如果该产品是此前销售过的产品，电商公司在制定采购方案时需要分析历史采购数据，并结合市场情况做出决策；如果该产品是新引进的产品，电商公司在采购时更应该慎重，可以先采购少量进行试销。

5.1.4 周转率：从入库到售出的时间和效率

周转率是指产品从入库到售出的时间和效率，这也是对产品进行评估时必须考虑的因素。周转率能够反映资金利用率。周转率就越高，资金利用率越高，有限的资金产生的效益也越高。在计算产品的周转率时，一般以年或月为单位，计算公式如下。

$$周转率 = 产品销售额 / 平均库存$$
$$平均库存 = （期初库存 + 期末库存）/2$$

例如，某产品的月销售额为 100 万元，平均库存为 10 万元，那么周转率为 100 万元 /10 万元，即 10。也就是说，在一个月内，产品一共周转了 10 次。

在评估产品的周转水平时，除了周转率以外，周转天数也是需要关注的重点。周转天数是指产品周转一次需要的天数，计算公式如下。

$$周转天数 = 日均库存量 / 日均销售量$$

例如，某产品在 6 月的销售额为 12 万元，日均销售额则为 12 万元 /30 天 =4 000 元；同时，日均库存为 2 500 元，那么其周转天数为 4 000/2 500 =1.6 天。

电商公司可以分析不同种类、不同尺寸、不同颜色的产品的周转率和周转天数，分析哪些产品销量好、哪些产品销量欠佳，以此调整选品策略和采购方案。

小提示

周转率高不仅意味着资金的利用率高，也意味着产品的存储成本低，这将进一步提高电商公司的利润。

5.1.5 9.9元包邮产品背后的秘密

如果你是消费者，当看到仅用 9.9 元就能在网上买到一件市场价值几十元的产品，还包邮时，会不会心动呢？肯定会，毕竟低价、高质量的产品永远是消费者追求的目标。当 9.9 元包邮不再是电商公司为了炒作而制造的噱头时，消费者会觉得这样的产品太划算了，因为 10 元在现实生活中也许只够吃一份最普通的快餐盒饭。

在 9.9 元包邮产品中，消费者可以挑到生活所需品和时尚潮流品。而且，他们还会觉得即使买到质量不是特别满意的产品，自己也不会有多大的损失。

对于电商公司来说，市场上卖几十元的产品，自己只卖 9.9 元，这样的交易看似亏本，其实不然。很多电商公司出售这些产品依旧能获得利润，因为这些产品都是从工厂直接进货，属于一手货源，成本甚至仅需要 1 元，而且没有房租、装修等附加成本。再加上货流量大，电商公司还能压低运输成本。据说有的电商公司可以把平均邮费控制在 5 元以下，如果采购成本及包装成本能够压缩到 4.9 元以内，那么电商公司就可以获得利润。

另外，9.9 元包邮产品大多是小而轻且易于包装的产品。如果产品挑选得好，还会有很大一部分买家愿意一次性购买多件。这样多件产品承担的邮费与一件产品相同，电商公司就可以进一步增加利润。

所以，销售 9.9 元包邮产品的电商公司基本不会亏本。而且，通过这种薄利多销的方式，电商公司还能吸引买家并赚取回头客。不过，有些电商公司由于选择的产品成本过高，也会存在亏本的现象，但这些电商公司还是可以在其他方面获利，如赢得信誉、提升二次购买率、获取关联产品销量、打造销售爆款、实现品牌传播效应等。

在保证特色和质量的同时，9.9 元包邮产品还可以吸引更多买家，增加成交量，让电商公司赚取更丰厚的利润。总之，通过 9.9 元包邮产品，电商公司可以利用薄利多销的方式增加总收益，创造更大的利润空间。

> 💡 **小提示**
>
> 　　想让薄利多销的方式发挥作用，有一个很重要的前提，那就是在不考虑价格的情况下产品有巨大的需求量。如果消费者对产品没有足够的需求，薄利不仅不能多销，反而会适得其反。

5.2　基于产品销售的评估

　　除了对产品属性进行评估以外，电商公司还要根据产品销售预期确定其他评估指标，包括产品是否支持预售、产品的上架时间与价格等。

5.2.1　产品是否支持预售

　　简单地说，预售就是买家先支付一定比例的订金，然后在规定的时间内支付尾款，电商公司再将产品发出。以"双十一"的预售活动为例，买家可以提前支付订金，在"双十一"当天支付尾款，如果买家未支付尾款，系统也不会返还订金。

　　预售直接将订单匹配给电商公司，电商公司根据订单即需即产，降低库存成本。另外，电商公司还可以运用买家提前支付的订金合理规划成本与开支，这有利于在一定程度上避免自己遭受损失。

　　预售将交易双方对接起来，用时间换取订单。当然，预售也不是完美无缺的，最大的问题是电商公司能否根据订单实现迅速生产，准时交付。在产品未正式进入市场前或在产品断货后，电商公司都可以进行预售，这个模式颠覆了传统的先产后销模式。

在进行产品评估时，分析产品是否支持预售非常有必要，这对于电商公司的优势主要表现在以下几个方面。

（1）预热引流

预售可以为正式销售做预热，帮助电商公司吸引更多流量。

（2）新品推广

电商公司如果准备销售一款新品，可以先开展预售，根据订金的支付情况测试新品的受欢迎程度，为以后的销售工作提供可靠的参考。

（3）解决供应问题

通过预售，电商公司可以推测产品的大致订单量，提前为物流做好准备，避免库存积压。

（4）缓解资金压力

消费者预付订金订购产品，电商公司可以快速回笼一部分资金，用于采购和运营。

（5）降低采购成本

根据产品的订单量，电商公司可以和供应商批量采购产品。采购的产品越多，采购的价格越低，电商公司就能够赚取更多利润。

（6）降低经营风险

在预售模式下，电商公司能够根据产品的订单量更科学地采购产品，从而降低库存积压带来的经营风险。

水果、生鲜、糕点及定制类产品都支持预售。例如，樱桃在 5—6 月成熟，电商公司可以在 5 月初与供应商谈好合作并进行预售，了解订单量，再根据订单量在 5 月中旬采购适量的樱桃进行包装并发货。这样能够降低资源损耗，提高资金利用率。

💡 小提示

　　水果、生鲜等产品的保质期比较短，物流的及时性是买家十分关注的问题。因此，在此类产品的采购及运输中，电商公司要格外注意物流的时效性。

5.2.2　产品的上架时间与价格

　　在基于产品销售的评估中，上架时间与价格也非常重要。如果产品在不正确的时间上架，势必会影响销售情况。此外，产品的价格不合理也会降低电商公司的利润。

　　（1）产品的上架时间

　　很多电商公司会选择分时间段上架产品，这样做是为了保证在不同时间都可以让自家的产品受到关注。那么，电商公司应该如何合理地选择产品的上架时间呢？

　　第一，避开人数比较少的时间，如周末。对于大部分人而言，周末是休息、娱乐的时间，即使购物可能也会选择实体店。电商公司要寻找流量多的时间上架产品，如比较重要的节日和活动期间。此外，电商公司还可以分析平时的流量变化，统计每天不同时段的流量变化数据，为产品选择最佳的上架时间。

　　第二，关注竞争对手的上架时间。如果电商公司的产品和竞争对手的产品有差距，那么在同一时间上架就可能存在竞争劣势。大家都熟悉田忌赛马的故事，关注竞争对手的上架时间也有这样的意味，都是为了在竞争中取胜。

　　第三，关心市场趋势。市场是变化莫测的，很可能某一产品此时走俏，不过是夕阳在黄昏时刻表现出最后的无限好，这就像实体店做促销不过是在清理库存而已。有些看似一般的产品其实潜力巨大。电商公司需要对行业数据进行统计和分析，如此才能在激烈的竞争中脱颖而出。

（2）产品的价格

对于电商公司来说，阶梯式价格更合理。例如，在新品上架期间，第一天3折，第二天4折，第三天5折，依此类推，直到第八天恢复原价。对于买家来说，第一天的折扣力度最强、最实惠，应该抓紧购买，这就是促使买家下单的策略。

在阶梯式价格的引导下，买家会不自觉地产生紧迫感。这样既能减少买家犹豫的时间，也能为电商公司带来实实在在的销售业绩。当然，除了折扣以外，电商公司还可以在时间因素上做出阶梯式折扣，如拉长促销活动的周期等。

阶梯式价格适用于时效性强、容易过期、购买率高的产品，如服装、食品等。对于买家来说，阶梯式价格本身就很容易激发消费欲望。因此，电商公司可以在积聚人气和吸引流量方面考虑阶梯式价格，并做好促销活动。

小提示

经过数据监测发现，各大电商平台的流量高峰是晚上8—10时，这个时段网购的买家最多。电商公司可以将产品的上架时间放在晚上7时，以便更多买家看到，提升转化率。当然，产品的价格也要合理，最好与同类产品持平或略低。

5.3 产品评估失误：出现滞销现象

如果没有正确地评估产品，产品就很容易出现滞销现象。要想改变这种被动的局面，电商公司必须主动出击，采取相应的措施。例如，修改标题、主图及详情页，直接将滞销的产品下架或删除，将滞销的产品作为礼物免费赠送。总之，电商公司要想方设法将滞销的产品处理出去，争取将卖不动变为供不应求。

5.3.1 修改标题、主图及详情页

要想将滞销的产品销售出去，修改标题、主图及详情页是不错的做法。

（1）修改标题

电商公司在修改标题时可以从 3 个方面入手：优化关键词、优化关键词组合、按照重要性排序。

首先是优化关键词。产品在电商平台上的标题要有关键词，而且必须符合买家的搜索习惯。此外，电商公司要关注近期关键词都有哪些波动，并据此调整产品的关键词。

其次是优化关键词组合。电商公司要对标题的关键词进行优化组合，这样标题才更有可能被买家搜索到。另外，在不同的关键词之间要有 1 个或 2 个空格，这也是优化关键词组合的技巧。

最后，按照重要性排序是指按照电商平台计算权重的规则，将重要的关键词或与买家搜索匹配度高的关键词放在最左侧，长尾关键词可适当分散。

（2）修改主图

电商公司要想为滞销的产品修改主图，应该确定一个目标，即主图必须有吸引力，能够在众多产品中脱颖而出，被买家注意到。那么，修改主图可以从哪些地方入手呢？

①颜色突出。如果主图的背景颜色比较突出、以醒目亮丽为主且饱和度很高，那就可能会改变产品滞销的局面。

②有特色。主图上应该有产品的卖点，如款式新颖、顺丰包邮、上门安装、促销优惠等。产品的卖点最好超出买家的心理预期，这样才有可能吸引买家。

③场景化展示。将产品放在真实的环境中展示是不错的方法。例如，将跑步机放在家庭场景下，主图上有美女模特在跑步，等等。

（3）修改详情页

详情页是买家全方位了解产品的重要途径，电商公司要特别重视。修改详情页可以从以下 3 个方面入手。

①产品的基础信息，包括名称、规格、型号、材质、流行元素等都要补充完整。

②详情页上既要有展示产品的图片，也不能忽略文案的重要性。而且，为精美的图片配上合适的创意文案，也可以增加买家的购买意愿。

③在详情页也可以适当运用关联优化，向买家推荐其他相似的产品。电商公司可以在销售情况比较好的产品的详情页上推荐滞销产品，尽快提升销量。

在处理滞销产品时，标题、主图、详情页是非常重要的 3 个元素，可以直接影响买家的去留，电商公司一定要多加关注。

💡 小提示

电商公司应该对产品进行实时监测，最好不要等到产品已经滞销时再想解决措施，而要针对那些即将或可能滞销的产品进行重点扶持。

5.3.2 直接将滞销的产品下架或删除

在电商平台上，滞销的产品很难获得自然搜索流量。而且，滞销的产品本身也会在某种程度上拖累有销量的产品的权重。对于电商公司来说，及时发现和处理滞销的产品非常重要。电商公司一定要经常关注产品的销售情况，如果产品的数量很多，要指派专人负责这项工作。

虽然电商公司不希望自己的产品滞销，但这是难以完全避免的事。产品之所以会滞销，主要有以下4个方面的原因。

（1）价格因素

价格是影响产品转化的直接因素。如果产品能够吸引部分流量，买家点击后有收藏和加购，但没有转化，那么电商公司就要从价格入手，适当降价。

（2）基础有待优化

如果产品的价格没有明显的劣势，但与竞品相比就是表现欠佳，那么该产品很容易滞销。面对这种情况，电商公司需要考虑基础优化问题。例如，通过直通车测试对关键词、主图、详情页进行调整和修改。

（3）季节变化

季节性因素是电商公司无法控制的。例如，夏天来临，羽绒服自然很难有太出色的销量。

（4）市场需求不旺盛

电商平台上的产品虽然很多，但如果是过于冷门甚至没有竞品的产品，买家也很难搜索到。对于市场需求不旺盛或不符合要求的产品，电商公司应该直接下架。

一般来说，有比较广阔的前景，但因为客观或主观因素影响了销售情况的产品，电商公司应该先下架，等到整理好信息后再上架。而适合直接删除的产品多半不符合市场和买家的需求，即使重新上架也没有太大的意义。

小提示

在决定将产品下架或删除前，电商公司应该先找出滞销的原因，然后对症下药，这样才能药到病除。

5.3.3 将滞销产品作为礼物免费送

电商公司可以将滞销产品作为礼物直接赠送给买家。某电商公司主要销售羽绒服，后来采购了一批女袜作为单独品类销售，但效果不佳，部分女袜的销量连续 30 多天都没有提升。于是，该电商公司决定将这些女袜做特殊处理，即在被电商平台定义为滞销产品前直接下架，作为礼物赠送给买家。

从 2020 年 12 月 1 日到 2021 年 1 月 1 日，凡购买羽绒服的买家均可获得女袜一双。当然，这批直接下架的女袜并不是因为有质量问题才没有销量，而是电商公司为防止其被划入滞销行列做出的预防性措施。

将滞销产品以礼物的形式赠送给买家是一种隐性的销售方式。因为与积压库存甚至导致其他产品降权的不利后果相比，赠品出售反而是一个不错的方案。另外，很多电商平台也有专门针对赠品的区域，电商公司可以在后台设置赠品链接让买家拍下。这看起来非常简单，但也要注意以下问题。

（1）设置有效时间

设置有效时间最直观的作用就是让买家产生紧迫感，促使买家下单。例如，前多少名成功下单的买家会有赠品。这样既能销售主打产品，也可以销售滞销产品。

（2）选择赠送形式

以什么形式将滞销产品赠送给买家是电商公司需要思考的问题。例如，是原样赠送，还是稍加升级后赠送。某网店主要销售蜂蜜，买家只要购买蜂蜜就可以获得创意中国风小木勺，这样可以让买家收到赠品后既喜欢又觉得有意义。

（3）控制赠送成本

虽然滞销产品的销量往往不佳，但仍然有成本。所以，电商公司在将滞销产品作为礼物赠送给买家时要考虑成本，即使不赚钱，也要尽可能收回成本。

小提示

将滞销产品作为礼物赠送给买家看似是赠送，其实也是一种巧妙的销售方式，电商公司可以有选择地使用。当然，为了不要有滞销产品，电商公司应该及时监测销售情况，提前做好评估，一旦出现风险及时采取补救措施。

第6章

供应商管理：找到电商运营的最佳助力

////////////

　　供应商管理是电商运营的重要内容。供应商管理得好能够缩短交货周期，降低采购成本，保证产品质量，提升电商公司的竞争力。电商公司要掌握供应商管理的要点，筛选合适的供应商并对其进行绩效管理。

6.1　供应商管理内容：战略与绩效的双重体现

供应商管理是电商公司基于发展战略对供应商进行选择、评估、考核的过程。很多电商公司十分重视供应商管理，却在实际操作中陷入了种种误区。供应商管理不是简单的货源管理，电商公司应该将供应商作为管理的重点，谋求与其长期合作。

在对供应商进行管理的过程中，电商公司应该平衡好成本与质量，追求物美价廉，进一步提高采购绩效。此外，电商公司还要建立供应商综合评价体系。

6.1.1　供应商管理不等于货源管理

如今，很多电商公司都喜欢追求供应商的数量，而不重视与供应商长期合作，使供应商管理变成了货源管理，这是为什么？原因就在于如果电商公司能够同时在多家供应商中做选择，不仅能够保证供应的连续性，还能在供应商的竞争中降低采购成本，甚至可以通过分配采购数量对供应商进行控制。

这种忽略长期利益、只基于当前利益进行交易的方式没有成本规划与策略布局，更缺乏供应逻辑设计和交易流程优化，只是将供应商当作货源，难以发挥供应商的价值。同时，如果电商公司没有和供应商达成长期、稳定的合作，就难以形成良好的供需关系，一旦遇到市场波动，将会造成难以解决的采购问题。

例如，A 公司是一家专门在网上销售复印机的电商公司，在巅峰时期，其供应商数量可达 50 多家。但随着电商行业的不断发展，B 公司逐渐成为 A 公司的强劲对手，B 公司产品的价格逼近 A 公司产品的成本。

在价格竞争中，A 公司的销售量骤降。通过大量的调研，A 公司发现了 B 公司的优势——优化供应商合作关系，减少供应链中积压的资金。与其相比，A 公司的供应商数量众多，在供应商管理方面也付出了大量的资金和时间。

通过上述案例可以知道，电商公司如果不注重供应商管理，只把供应商管理当作货源管理，一旦其他电商公司采用完善的供应商管理措施，就能建立采购成本优势。此时，电商公司将陷入困境，迅速被其他电商公司拉开距离。

拥有稳定、优质的供应商能够降低电商公司的经营风险。电商公司不能只将供应商管理当作货源管理。在对供应商进行管理的过程中，电商公司必须规避以下误区，如图 6-1 所示。

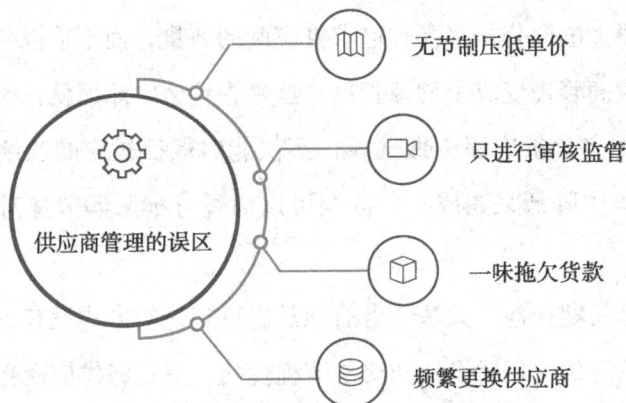

图 6-1　供应商管理的误区

无节制压低单价

只进行审核监管

一味拖欠货款

频繁更换供应商

供应商管理的误区

（1）无节制压低单价

如果电商公司只将供应商当作货源，那么每家供应商都只是众多供应商中的"之一"，电商公司的采购原则也变成了单纯的比价。基于"价低者得"的理念，供应商可能会以次充好，甚至因为无利可图而停止供货，电商公司的货源也由此中断，不得不付出高昂的代价。

（2）只进行审核监管

一些电商公司总是对供应商有诸多抱怨，面对供应商能力低下、货源品质差等问题，只是进行更严格的审核监管。为了达到品控的目的，电商公司甚至会对供应商进行严厉的处罚。如果电商公司只对供应商进行审核与监管，那就会加剧双方的不信任。一旦发生问题，双方也会聚焦在责任推诿上，而不会齐心协力解决问题。

（3）一味拖欠货款

为了避免采购业务占用过多的流动资金，很多电商公司会将拖欠货款作为采购能力的重要组成部分，甚至将其纳入采购部门的绩效考核，于是拖欠货款成为常态。一些电商公司还会以货物不合格、交货延迟等理由延迟支付或打折支付货款。这种做法会导致电商公司的信用和形象严重受损。

（4）频繁更换供应商

当供应商被当作货源时，电商公司并不在意由谁提供产品，只在意单次采购的价格，所以可能会频繁更换供应商。这使电商公司无法与供应商建立稳固的关系，一旦市场产生波动，电商公司的供应链就会断裂。

💡 小 提 示

从短期来看，将供应商管理当作货源管理可能会使电商公司获得更多收益。但从长期来看，这样的模式不利于电商公司整体实力的提升和可持续发展，也难以建立竞争优势。

6.1.2 电商追求物美价廉：平衡成本与质量

在采购的过程中，质量与成本都是电商公司评估产品的重要指标。但在实际操作时，质量与成本之间存在着这样的矛盾：电商公司希望在保证质量的前提下尽可能降低成本，而成本的降低则可能会导致供应商使用质量较差的原材料，使产品存在质量问题。

当电商公司要求提高质量时，供应商也会因此提价。如何在采购中平衡成本与质量的关系是电商公司面临的挑战。采购中的质量问题主要来自两个方面。

（1）原材料质量问题：供应商购入的原材料品质低劣，某些性能指标不能达到电商公司的要求。

（2）产品交货方面的质量问题：运输中造成的产品损坏。

以上问题一旦发生，电商公司就需要立即采取行动，由此产生的各项费用，如不合格产品的检验费用、退换货的运输成本、去供应商生产现场调查的费用等都属于因质量问题而产生的成本。当质量问题发生后，电商公司需要投入大量的精力和成本进行补救。

只要有效预防了质量问题的发生，就能够更好地平衡质量与成本的关系。因此，电商公司需要做好以下几个方面的工作。

（1）建立分工明确的组织

电商公司可以把供应商开发和供应商管理分离开来，成立独立的供应商开发与管理组织，重点把控产品的质量。负责供应商开发的员工需要对供应商的产品和生产技术进行初步评估；负责供应商管理的员工需要定期对供应商提供的产品的质量、是否定期交货等进行管理和评估。这种方法能够有效控制采购风险。

（2）执行清晰的供应商认证程序

在达成合作前，电商公司要对供应商进行审核与认证，全面了解其生产运营状况、技术水平、管理体系等，在一定程度上避免采购风险。供应商审核的内容包括设备与工艺能力、生产流程、生产能力、财务状况、订单管理、客户管理、原材料管理及员工素质等。

（3）定期评估供应商的绩效

通过对供应商进行定期评估，电商公司能够及时了解供应商各方面的变化，以便随时对其技术能力、供应能力及各种风险做出科学判断。主要的评估指标包括供应能力、品质绩效、运输和仓储优势、价格及潜在风险等。

（4）制定明确的质量标准

电商公司对产品质量要求不明确是导致产品存在质量问题的原因之一，这可能会增加后期更改费用或导致交货延迟。因此，电商公司需要与供应商明确产品的质量标准。

（5）协助供应商改善产品质量

当供应商的产品出现质量问题时，电商公司可以派出质量管理人员与供应商协商改善产品质量的方法。虽然这种做法增加了一些成本，但能够加快改善产品质量的速度，使整体的采购成本下降。

质量改善与成本降低是否能够达到平衡？要解决这个问题，电商公司可以根据产品的质量与成本将供应商划分为 4 种类型，并以此为基础采取不同的应对措施。

（1）产品质量好且成本高

这类供应商通常掌握一些核心技术或在市场中处于优势地位，电商公司需要认真分析其成本构成，通过合理谈判尽量降低采购成本。

（2）产品质量好且成本合理

这类供应商是电商公司需要重点维护的。在对其进行管理的过程中，电商公司可以适当采取一些激励措施，与其建立长久的合作关系。

（3）产品质量不好但成本低

电商公司需要对这类供应商进行仔细分析，如果质量问题是由工艺流程不合理、选料不严谨等因素造成的，则可以协助其改善质量问题。

（4）产品质量不好且成本不合理

这类供应商是电商公司需要剔除的。

在管理供应商的过程中，电商公司需要对供应商进行分类，有针对性地对其进行管理，切不可一概而论。

💡 小提示

当一些此前表现良好的供应商提供的产品出现质量问题时，一些电商公司会直接对其进行处罚或取消与其合作，这种做法是十分武断的。如果质量问题可以改善，电商公司也要积极为供应商提供帮助，以便双方建立长久的合作关系。

6.1.3 建立供应商综合评价体系

电商公司需要定期对供应商进行评价，因此，建立完善的供应商综合评价体系是十分重要的。供应商综合评价体系通常涉及以下几个方面。

（1）履约能力

履约能力是电商公司对供应商进行评价的重要指标。供应商的履约能力通常表现在以下几个方面。

①供货表现：包括对交货数量、货物质量、交货时间的履行，对包装、运输要求的适应性，发票的准确性及完整性，等等。

②响应能力：供应商对订单的响应时间越短，履约能力就越强。

③固有条件：包括生产计划、生产能力及设备状况等。

（2）财务状况

财务状况是评估供应商的重要指标。通过对供应商的财务状况进行了解，电商公司可以分析其经营的稳定性和成长性。在对供应商的财务状况进行分析时，电商公司需要关注两个方面。

①财务实力：指供应商的财务资源，具体指标有资产、净资产及现金流等。

②经营能力：指供应商的获利能力，具体指标有销售额、净利润等。

（3）成本

供应商的成本深刻影响着产品的最终售价和供应链的投入产出比，决定了电商公司的利润，是对供应商进行评估的重要指标。

（4）质量管理水平

产品质量是电商公司赢得市场的有力武器，是提高效益的关键。因此，电商公司需要重视供应商的质量管理水平。

（5）组织与管理水平

组织与管理水平是供应商综合评价体系的重要因素，具体包括以下指标：

①管理层的承诺；

②人员的稳定性；

③人员的培训和资格认证；

④技术能力；

⑤设备能力；

⑥行业地位；

⑦经营的稳定性。

除了以上几个重要的方面，电商公司也可以设置一些其他指标，如供应商的社会责任感、生产的环保性等。

> 💡 **小提示**
>
> 　　在建立供应商综合评价体系时，电商公司要确保指标的全面性和针对性。例如，当产品是玻璃制品等易碎品时，电商公司就需要在运输的安全性、可靠性方面设置更多指标。

6.2　如何选择合适的供应商

　　电商公司在进行供应商管理的过程中，首先要从众多供应商中选择合适的供应商，再对供应商进行进一步管理。因此，电商公司需要了解选择供应商的影响因素，并对供应商进行量化评估。

6.2.1　供应商选择的影响因素

　　电商公司在选择供应商时需要对供应商进行全面分析，确定需要考察的供应商的类型和数量，并在此基础上进一步了解供应商。一般而言，电商公司在对供应商进行分析时需要考虑以下几种因素，如图 6-2 所示。

　　（1）供应商的价格和成本

　　从采购的角度看，电商公司期望供应商能提供一个相对有竞争力的价格，但这不一定是市场上的最低价格。供应商提供的价格会影响下游公司的成本，对供应链的整体竞争力造成不良影响。

　　因此，了解供应商的成本结构，从供应的时间、数量、质量等方面确定一个能实现共赢的价格是电商公司期待的。在了解供应商的成本结构后，电商公司可以通过与供应商的协作和对供应链的调整，加强对采购成本的控制。

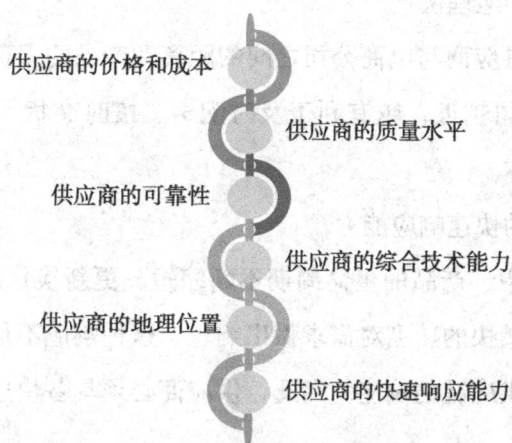

供应商的价格和成本

供应商的质量水平

供应商的可靠性

供应商的综合技术能力

供应商的地理位置

供应商的快速响应能力

图 6-2　供应商选择的影响因素

（2）供应商的质量水平

质量水平是电商公司在选择供应商的过程中需要考虑的重要因素，涉及产品的成分、设计风格、特性、规格、可维护性及耐用性等。电商公司需要评估供应商是否有稳定的质量控制体系，其供应的产品是否能长期稳定地达到要求。

（3）供应商的可靠性

电商公司需要评估供应商的可靠性，持续、按时地配送才能保证运营正常开展。电商公司需要调查供应商的信誉、经营的稳定性和财务状况，同时了解供应商配送产品的历史记录。

（4）供应商的综合技术能力

供应商的综合技术能力包括设备的规格和先进程度、技术团队的潜力、管理制度的健全性和有效性等。电商公司需要对供应商的综合技术能力进行评估。综合技术能力强的供应商不仅能满足电商公司当前的需要，还能为电商公司未来的发展提供保障。

（5）供应商的地理位置

一般而言，供应商与电商公司之间的距离和产品的库存量呈正相关。供应商距离电商公司越近，越有利于及时配送、按时交货，能够缩短采购周期、减少运输成本。

（6）供应商的快速响应能力

在当前市场中，产品的生命周期不断缩短，更新换代的速度不断提升，电商公司必须以最快的速度对需求做出响应。这种响应不是电商公司自身的响应，而是整个供应链的响应。因此，供应商必须具备快速响应能力，能对需求及时做出调整。

小提示

除了上述 6 个常见因素以外，电商公司也可以根据自身的经营目标设置其他因素，如供应商的生态环境、售后服务等。

6.2.2 信用评估：实地考察+审核证书

电商公司在与供应商对接时，往往可以从供应商那里得到非常多的利好消息，包括产品质量有保障、供货及时、采购价格合理、满足个性化需求及售后服务一流等。这些消息都是真的吗？电商公司不要急于下定论，而要谨慎地选择最适合的供应商。

采购工作最重要的环节就是对供应商进行实地考察，以检验其说法是否真实。陈康创办了一家电商公司，在淘宝和京东上都有网店。由于他拥有多年的采购经验，因此自己负责采购任务。最近，他和某品牌谈一个奶粉采购项目。陈康之所以看重这个品牌的奶粉，主要是因为奶粉的质量有保障，而且采购价格也比较合理。

　　这个品牌在我国的总部设在南京，陈康向对方提出要实地考察，当面商谈具体事宜。对方的负责人表现得非常热情，欢迎陈康实地考察。在出发前，陈康与物流部门、质检部门的员工组成了一个四人考察小组。

　　陈康的团队在当天下午到达南京，但他没有立即通知对方，而是在总部附近的酒店住了下来。四人在房间里开会，拿出了书面资料，一共分为三部分，分别是仓库现场、物流链条及质量文件。陈康还对其他三人交代了注意事项，主要是考察对方的实力。

　　第二天早上 8 点，陈康给负责人打电话，说已经到了总部，现在要去参观。负责人非常诧异，没想到陈康这么快就到了。见面后，陈康和对方说自己是连夜坐飞机赶来的。同时，四人均表现出非常疲倦的样子。

　　果然，对方负责人放松了警惕，带陈康的团队到工厂的各处参观，而陈康也在暗中做了记录。在办公室查看文件时，质检部门的同事还在供应商允许的情况下拍了照片。

　　陈康在考察的过程中发现供应商的奶粉确实是直接从荷兰进口的，而且证书齐全。此外，供应商的负责人还带陈康参观了自主生产的奶粉，并表示如果陈康有采购意愿，可以给出优惠价格，但前提是要大批量采购。

　　到了午餐时间，供应商的负责人表示要带陈康他们到一家有名的酒店吃饭。但陈康说："这次就不去了，要不就在你们食堂吃饭，看一下你们食堂的菜品如何？另外，我对你们自主生产的奶粉非常感兴趣，下午可以细谈一下。"

　　看到陈康对更大的订单感兴趣，负责人更热情，赶忙通知食堂加餐。在午餐结束后，陈康"偶遇"了一个司机，这个司机是负责给供应商送牛奶的，中午可以在食堂用餐。陈康借机询问了一下供应商的信誉，包括是不是给牛奶厂及时打款、每个月可以送多少车牛奶、对这家供应商的印象如何等问题。

经过洽谈，陈康对这家供应商有了更细致的了解。回去后，他决定增加对该供应商自主生产的奶粉的采购量，理由是这家供应商的奶粉销量和口碑都不错。这些信息都是陈康从"偶遇"的司机那里得到的。而且，该品牌的奶粉在当地是一个空白市场，一旦打开这个市场，陈康的电商公司的奶粉销售业绩肯定会进一步提升。

最后，陈康和该供应商签订了 2 年的荷兰进口奶粉的采购合同，还采购了 15 万袋该供应商自主生产的奶粉。在考察的过程中，陈康从组成考察小组到实地考察再到了解业务都是比较专业的，始终将奶粉的质量放在第一位，从侧面了解供应商的信誉。

> **小提示**
>
> 电商公司在和供应商对接时要争取让供应商用事实说话，而不是过于强调漂亮的业绩，特别要注重各种证书的真实性、可靠性和含金量。此外，考察小组由哪些成员组成，分别负责哪些任务，也是非常关键的问题。考察小组不能只有采购部门的员工，还要有生产部门、财务部门、计划部门、质检部门、物流部门的员工。当然，具体的成员可以根据实际的情况确定。

6.2.3 服务评估：发货准时，售后服务好

电商公司要选择一家什么样的供应商作为合作对象，除了评估安全和利益以外，最重要的就是评估服务，包括服务的态度、交货是否准时、售后服务是否积极。

在态度方面，电商公司要评估一家供应商的态度是否良好，可以从首次接触到谈判的过程中有所感受。态度好可以体现在很多地方。例如，当问到

一些专业问题时，如果供应商的负责人能够快速准确地说出对问题的看法，并提出不错的建议，电商公司就可以考虑与其进行合作。

谈判的诚意也很重要。供应商的负责人态度良好，以做不成生意还可以做朋友的态度进行沟通，那就值得合作。

在交货方面，交货是否准时很重要。例如，电商公司希望供应商在半个月内交一批短期货物，并预付了定金。然而，在距离交货还有 3 天时，供应商的负责人说出了点意外情况，可能有近 10% 的货物无法按时提供。这时，电商公司需要了解供应商无法按时完全交货的原因，如果是因为内部管理出现了问题，那可能不值得合作。

在售后服务方面，供应商的售后服务也是需要重点考察的因素。管理科学、运行良好的供应商售后服务也不会太差，甚至还会提前为电商公司提供好的建议或提醒注意事项。一旦出现问题，供应商会第一时间为电商公司解决，积极配合工作，体现优质的供应商应有的专业精神。

态度、交货时间、售后服务都是评估供应商的重要标准。此外，产品的质量、沟通的顺畅性、反馈的有效性等也是电商公司需要重点考察的方面。因此，电商公司可以专门编制一个供应商服务评估表。很多时候，电商公司面对的可能不是一个供应商，服务评估表有利于电商公司对所有供应商进行准确判断。

在评价细节方面，电商公司可以某个具体项目为准，看各供应商在这个项目中的表现，包括质量体系保障能力、生产规模、交货日期、采购价格、售后服务及各类有效证件等。当然，具体的内容可以根据实际情况确定。

另外，采购工作要符合多个部门的要求，大家协调合作。所以，无论是判断供应商的服务合格与否，还是选择某个供应商，都要结合其他部门的意见，包括技术部门、品管部门等。此外，领导层的意见也非常重要。

电商公司要想找到适合自身发展的供应商，可以从四个方面进行考察：

质量、成本、交付、服务，这四个方面涉及供应链的核心环节。优质的供应商都有一整套有效的产品质量保障体系，同时也具备生产所需的特定设备和工艺能力，以保障为电商公司提供质量合格的产品。

在成本方面，电商公司需要以合理且偏低的价格与供应商合作，而价格不仅取决于市场的发展趋势、产品的价值，还与供应商自身的成本管理密切相关。好的供应商会通过内部协调降低成本，以维持自身的正常运转。

> 💡 **小 提 示**
>
> 在服务方面，供应商的售前服务与售后服务同样重要。可以说，是否善于选择供应商在很大程度上决定了电商公司能否找到强大的后援团，打好供应链的第一战。

6.3 供应商绩效管理

一直以来，供应商关系都被一些电商公司认为是简单的交易关系，而且这种关系在钱货两讫时就结束了。在简单的交易中，产品的价格成为双方关注的焦点，电商公司会通过各种方法降低采购成本。然而，随着电商行业的竞争不断加剧，电商公司与供应商之间的关系变得复杂，供应商管理已经不是单纯的价格管理。

为了寻求更好的发展，许多电商公司都与供应商建立了战略合作关系。在这个关系中，双方以实现双赢为目标，积极改善协作流程。电商公司不再仅仅考虑价格因素，而是更看重双方长期、稳定的合作。在与供应商建立战略合作关系的过程中，对供应商进行绩效考核是十分重要的环节，也是电商公司顺利采购产品的基础。

6.3.1　如何考核供应商绩效

通过供应商绩效考核，电商公司可以实现以下目标：持续改进供应商绩效，实现采购成本、产品质量、交货、售后服务等方面的改善；加强与供应商之间的沟通，建立共享机制和双赢的战略合作关系。那么，电商公司应该如何对供应商进行绩效考核呢？具体而言，需要遵循以下 5 个步骤，如图 6-3所示。

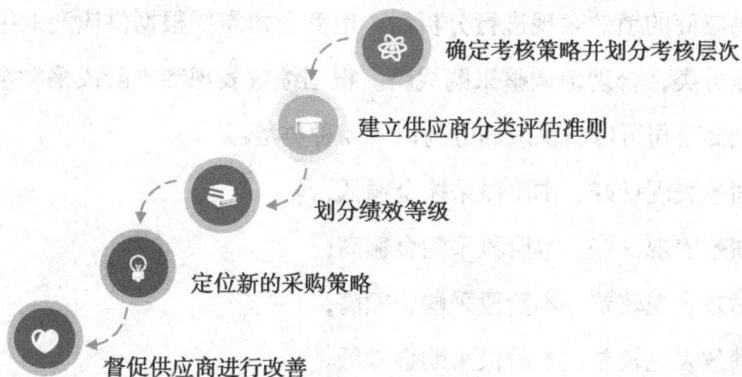

确定考核策略并划分考核层次

建立供应商分类评估准则

划分绩效等级

定位新的采购策略

督促供应商进行改善

图 6-3　供应商绩效考核的步骤

（1）确定考核策略并划分考核层次

电商公司需要明确月度考核、季度考核、年度考核的标准并明确每次考核涉及的供应商。月度考核涉及的一般为核心供应商，考核的要素以产品质量和交货期为主；季度考核和年度考核涉及全部供应商，考核的要素包括交货期、成本、服务等。

进行分层次考核的目的在于尽早发现并及时解决问题，进行季度考核和年度考核能够通过扩充考核要素对供应商进行更全面的评估。

（2）建立供应商分类评估准则

确定考核策略和考核层次后，电商公司就需要对供应商进行分类并建立评估准则。这一阶段的重点在于根据供应的产品类别对供应商进行分类，并据此建立不同的评估准则，包括不同的评估指标和指标的不同权重。

（3）划分绩效等级

根据考核策略和评估准则对供应商进行考核后，电商公司还要对供应商的绩效成绩划分等级。例如，按照考核分数将供应商分成 A、B、C、D 四个等级。通过对供应商进行等级划分，电商公司可以更清楚地衡量供应商的绩效表现。

（4）定位新的采购策略

对供应商的绩效表现进行分析后，电商公司需要根据供应商的绩效表现对其重新分类，合理地调整采购战略。根据绩效表现和本阶段采购金额两个要素，电商公司可以将供应商分为以下 4 种类型：

①绩效表现良好、本阶段采购金额低；

②绩效表现良好、本阶段采购金额高；

③绩效表现较差、本阶段采购金额高；

④绩效表现较差、本阶段采购金额低。

前两种类型的供应商由于绩效表现良好，电商公司可以暂时不用给予其太多的关注。第三种类型的供应商是电商公司最需要研究的。对于这些供应商，电商公司要根据实际情况尽快做出决策，是帮助其改善绩效，还是寻找更优质的供应商。第四种类型的供应商绩效表现较差，同时电商公司的采购量也不大。对于这些供应商，电商公司应该及时更换，引入更优质的供应商。

（5）督促供应商进行改善

对于希望继续合作但绩效表现不够好的供应商，电商公司要帮助其制定绩效改善计划。电商公司要将绩效评估结果反馈给供应商，让其了解自己的不足，确定绩效改善的目标。在实施绩效改善计划的过程中，电商公司要与供应商保持沟通。

━◊☆ 小提示

一些电商公司在绩效考核结束后，对供应商的绩效管理也随之结束了，这是不正确的做法。绩效考核的重点在于绩效管理，电商公司需要根据供应商的绩效表现与其沟通，并协助其进行改善。

6.3.2 某电商公司的供应商绩效管理办法

电商公司需要制定完善的供应商绩效管理办法，明确供应商的职责和考核标准，并根据考核结果对供应商进行管理。下面是一个供应商绩效管理办法的模板，电商公司可以参考。

电商公司的供应商绩效管理办法

一、目的

规定对供应商的考核办法，确保其供应的产品在质量、交期、服务等方面符合要求。

二、适用范围

本办法适用于供应各类产品的全部供应商。

三、职责

（1）采购部门负责检查供应商供应的产品是否合格，并核对供应商变更名单，处理产品接收、拒收等手续。此外，采购部门负责按季度考核供应商在交期、服务等方面满足要求的程度，并保存记录。

（2）质量管理部门负责考核供应商在质量方面满足要求的程度，保存记录，与采购部门交流。

（3）质量管理部门和采购部门共同汇总以上信息，由质量管理部门

（续）

按季度公布。

四、供应商考核

（1）供应商供应的产品发生质量问题时，质量管理部门需通过采购部门向供应商发出"质量信息反馈记录表"，让供应商分析原因并提出改善对策。采购人员负责跟踪"质量信息反馈记录表"的处理进度，质量管理部门跟踪问题改善效果并进行记录。

（2）质量管理部门按季度汇总供应商质量分析数据，结合采购部门提供的供应商交期和服务的评价，形成"供应商季度考核报告"。

（3）考核项目及分数比例如下（满分100分）。

质量水平：50分；交期：30分；服务：20分。

①质量水平（满分50分）

供应商提供产品的质量水平主要通过产品不合格率来衡量。产品抽检不合格品率的计算公式如下。

产品抽检不合格品率 = 月抽检不合格品数 / 月抽检总数 × 100%

②交期（满分30分）

采购部门依规定的交期对供应商进行评分，评分办法如下。

准时交付，得30分；延迟2日，每次扣2分；延迟3~4日，每次扣5分；延迟5~6日，每次扣10分；延迟7日以上，不得分。

③服务（满分20分）

质量管理部门、采购部门根据供应商的服务水平进行评分，评分办法如下。

"质量信息反馈记录表"回复及时性评分：3天内回复得10分；一周内回复扣2分；1~2周内回复扣5分；1个月内回复扣7分；回复时间超过一个月扣8分。

（续）

不合格品退货、换货行为评分：按期更换得 10 分；偶尔延期扣 2 分；经常延期扣 4 分；置之不理扣 10 分。

（4）质量管理部门和采购部门整理数据后对供应商进行分级，如表 6-1 所示。

表 6-1　供应商等级表

等级	得分	评价	处理措施
A	90≤总分≤100	优秀	高度推荐，增加采购量
B	80≤总分＜90	优良	推荐，维持采购量
C	60≤总分＜80	可接受	适当减少采购量
D	50≤总分＜60	差	暂时采购，限期改善
E	0≤总分＜50	不合格	取消合作

（5）供应商取消办法

如果供应商首批产品不合格，质量管理部门应向其发出"质量信息反馈记录表"；如果连续两批产品不合格，则再次向其发出"质量信息反馈记录表"。当第三批产品仍不合格时，质量管理部门可提出取消供应商资格申请，经批准后与其解除合作。

质量管理部门不定期检查供应商生产环节，发现重大缺陷时发出"纠正措施处理单"并要求其改善；如第二次检查仍未改善，则取消与其合作。

供应商季度评估为 E 级时取消合作；评估为 D 级时，由质量管理部门发出"纠正与预防措施单"，要求其改善；如改善未见成效，则取消合作。

💡 小提示

完善的制度能够保证供应商绩效管理的科学性，使每项决策有据可依。因此，电商公司需要重视对供应商绩效管理办法的制定工作。

117

第 7 章

价格谈判：直击供应商的价格底线

////////////

　　在采购过程中，价格谈判是一个必不可少的环节。电商公司有必要掌握价格谈判的技巧，这样才可以直击供应商的价格底线，为自己争取更多利益。电商公司要在进行价格谈判前充分了解对手，巧妙地识局和布局。此外，电商公司要在面对强势的供应商时随机应变，打破僵局，降低采购成本。

7.1　总体布局：牢牢掌握主动权

对于电商公司来说，价格谈判的关键就是掌握主动权。那么，电商公司应该如何掌握主动权呢？第一，摸清对方的底牌，设立明确的目标；第二，进退有度，逐步增加供应商的压力；第三，分析全局，分清主次；第四，选择合适的时机，当断则断，不犹豫。这四个技巧可以帮助电商公司在谈判过程中占据有利地位。

7.1.1　探明对方底线，目标明确

电商公司要知道供应商的底牌，才能步步为营，取得主动权。如果电商公司无法在谈判前得知供应商的底牌，也不要过于着急，因为还可以在谈判的过程中摸清底牌。这里要特别强调两个细节：一个是听，另一个是问。正确地听和问可以帮助电商公司掌握主动权。

我们先了解一下关于听的谈判技巧。精彩的谈判往往都是在轻松的聊天中开始的，这也是高明的谈判者经常使用的技巧。聊天有两个切入点：一是生活方面，二是生意方面。

电商公司需要面对各种各样的供应商，从生活方面切入往往能快速带领对方进入自己的节奏。例如，和供应商讨论最近的天气、时事，或直接询问供应商的家庭情况等，从供应商的反馈中获取想要的内容。

当然，对生活方面的探讨不宜过深。一方面，对方可能不喜欢他人过多地打探自己的生活信息；另一方面，可能不利于将话题拉回谈判问题上，万一对方对自己的生活细节非常有感悟，贸然打断又不合适。

在生意方面的开场寒暄可以是与谈判相关的内容，应该从本行业开始切入，范围大一些，可以让供应商自由发挥。另外，如果不是初次谈判，还可以涉及一些边缘性话题，如对经营活动的评估、对产品及市场的分析等。当供应商谈到这些话题时，电商公司必须用心去听，听出其中的表层含义和深层含义，以便顺势应对。

在听的方面，电商公司除了要关心对方谈及的内容以外，还要当一个倾听者，而不是辩论选手。即使对方说的观点与自己的相反，也不要急于论述自己的观点，少说多听、不轻易打断对方才能听出对方的底牌。

相对于开场的寒暄，提问则需要更多技巧。在一场谈判中，提问可以帮助电商公司摸清对方的底牌。例如，对提问进行连环设计，让对方按照提问走进自己的局。

首先，电商公司要对提问策略进行设计，确定好先提什么问题，再提什么问题，最后提什么问题；然后，预估对方可能的答案，提前考虑好针对这些答案应该怎样回应；最后，争取摸清对方的底牌，做到知己知彼、百战百胜。

当谈到报价等问题时，电商公司也要想办法弄清楚对方的真实想法。例如，电商公司可以试着直接报价，等待供应商的反应；或让供应商主动报价，想办法挤掉其中的"水分"，保证自己以最优的价格拿货。

小提示

谈判的第一步是摸清对方的底牌，并不急于表现，以便在随后的谈判中掌握主动权。

7.1.2　适当增加对方的压力，以退为进

在谈判的过程中，电商公司要做到进退有度，逐步向对方施压。如果直接强硬施压，反而容易导致谈判破裂。总之，电商公司要做到该进则进，该退则退，把握原则性问题不放松，巧妙运用各种手段逐步向对方施压。

无论什么样的谈判，双方都带有压力，这种压力来自对各自目标的追求，以及对时间的把握。例如，双方往往想在一定的时间内达成谈判，而一旦谈判陷入僵局又会拖慢整个进程。

另外，信息源也是压力的来源，因为谁掌握的信息多，谁就更接近成功。在谈判的过程中，身体压力也非常明显，特别是紧张的冲突性谈判很容易使人出现疲劳感，希望谈判早点结束。

电商公司可以就上述压力巧妙地向对方施压，以达到掌握主动权的目的。那么，向供应商施压的措施有哪些呢？如图7-1所示。

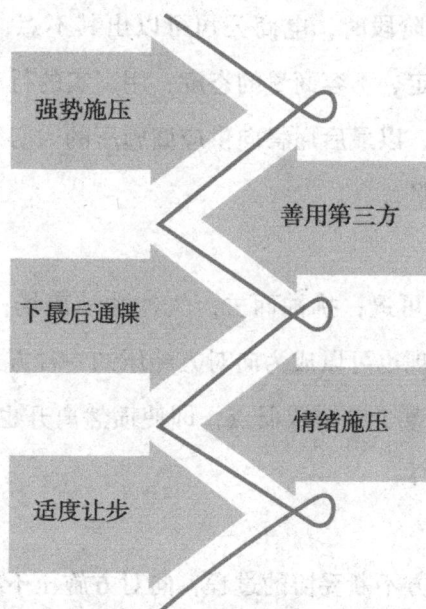

强势施压

善用第三方

下最后通牒

情绪施压

适度让步

图 7-1　向供应商施压的措施

（1）强势施压

在谈判中，采取强势施压的姿态降低对方的期望值，是不错的做法。例如，电商公司可以根据供应商的报价，向供应商"透露"自己的采购预算，同时让供应商相信自己是优势方，有多家供应商等着供货，对方的产品并不一定是紧俏货。这样可以让供应商感受到来自竞争对手的压力，从而做出让步。

（2）善用第三方

在谈判的过程中，双方可能难以就某些问题达成一致。这时，电商公司可以善用第三方，促使供应商做出让步。例如，广发"英雄帖"，邀请其他供应商参与供货，或表示自己已经采用了新工艺，对货物的需求不再强烈，但如果供应商肯让步，合作还可以进行。总之，电商公司要善用第三方，让供应商感受到压力。

（3）下最后通牒

当谈判进入僵持阶段时，电商公司可以出其不意，向供应商下最后通牒，同时要表现出坚定、不容商量的态度，用真实的行动说明最后通牒的执行力。需要注意的是，以最后通牒向供应商施压的人必须是电商公司的最高领导者，这样才有说服力。

（4）情绪施压

提高音量，怒不可遏；拂袖而去，气冲冲地离场；保持沉默，静默威胁，这些情绪化的表现也可以成为向对方施压的一种方式。但前提是电商公司必须掌握供应商的某个差错或弱点，即使愤然离开也不是真的放弃谈判，只是让对方感受到决心。

（5）适度让步

任何谈判都是双方不断妥协的过程，向对方施压不是永远强势，而是在适当时做出一定的让步，这也算是给对方的一种压力。对于电商公司来说，自己的让步往往也伴随着对方的妥协，这是一种可能。但让步也可能会让对方不断提出新要求，挑战底线，或对方认为这样的让步微不足道，对谈判没有多少意义。

也就是说，让步不一定能让对方感受到压力，反而会更加轻松，这样很容易使谈判失去方向，让电商公司丧失主动权。所以，适度让步也是有条件的。

在谈判的过程中，电商公司要做到有进有退，逐步向对方施压，这样才能把握主动权，达到识局与布局的目的。电商公司还要巧妙地将不利转化为有利，把主动权掌握在自己手中，这样即使处于劣势，也能最大限度地为自己争取利益。

小提示

向对方施压不是为了用压力逼迫对方妥协，而是为了促使对方尽快做出决策。谈判要让对方有利可图，为以后的合作打下基础。

7.1.3 分析全局，不纠结于小事

在谈判的过程中，双方往往会对多个问题进行协商。这些问题有主要的，也有次要的。无论谈判是否顺利，双方都要以大局为重，分清主次，切勿因小失大。特别是在出现矛盾时，双方更要保持冷静，顾全大局。如果有必要，还可以舍弃次要利益。

电商公司要在谈判前确认此次谈判的重点在哪里，要达成哪些目标，主要目标是什么，次要目标是什么，有哪些可以退让的方面，有哪些原则和底线必须坚守。另外，谈判团队的成员也要相互配合，以更好地达成目标。那么，在分清主次方面，电商公司需要注意哪些地方呢？如图 7-2 所示。

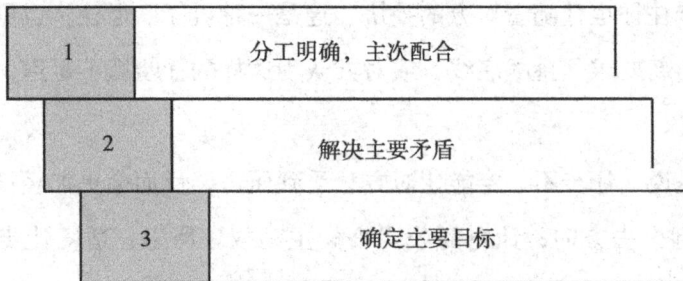

1	分工明确，主次配合
2	解决主要矛盾
3	确定主要目标

图 7-2　谈判中分清主次的注意事项

（1）分工明确，主次配合

谈判是一场团队赛，需要每一位成员相互配合，有"单打"，有"双打"，还有"混合双打"。在谈判时，除了一把手要冲在前面以外，其他副手也要相互配合。

①要主次分明。在谈判团队中，只能有一个领导者，所有参与者都要为领导者服务，以领导者的指示、观点和做法为准。

②要分工明确。成员按照自己的职位扮演好自己的角色，到位而不越位，配角与主角要相互配合。例如，副手需要帮助主谈判员查漏补缺，当主谈判员由于口误出现漏洞时要及时弥补，避免被对方抓住把柄。

③要角色扮演。在一场谈判中，配合默契的谈判团队总会有人唱"红脸"，有人唱"白脸"，有人演"青衣"，有人演"武生"。因此，谈判团队要分配好角色，例如，主谈判员不方便说的话可以让副手说，大家相互配合，打好谈判之战。

（2）解决主要矛盾

面对错综复杂的矛盾，谈判团队要先解决主要矛盾，才能势如破竹地攻破次要矛盾。在解决主要矛盾时，谈判团队要把握好其中的主要方面和次要方面。

谈判团队要牢牢把握主要目标，解决主要矛盾，带着明确的目的与供应商谈判。此外，谈判团队还要在适当的时机让供应商知晓自己的主要目标，有选择地展开谈判。当主要目标与次要目标冲突时，谈判团队可以放弃次要目标，做出让步。

在谈判时，最忌讳主次不清。如果谈判团队不清楚自己在谈判中想要达成的目标，对实施步骤也不清楚，就很容易让谈判纠缠于细枝末节，结果越来越混乱。所以在谈判中，谈判团队要解决主要矛盾，把握主流，并以此为核心掌握谈判的节奏。

（3）确定主要目标

谈判团队应该对自己的主要目标进行规划。另外，报价也是谈判的焦点之一。在确定哪些是主要目标之前，谈判团队千万不可以盲目乐观，否则一旦出现问题就可能使自己陷入被动局面。

💡 小 提 示

在谈判中，谈判团队除了要确定分工及谈判的主要目标，还要了解对方的真实目的。对方急切想要达成的目的就是一个非常好的突破口，谈判团队必须善于发现并利用这样的突破口。

7.1.4 把握时机，快速决断

在谈判中，电商公司要当断则断，不能总是犹豫，否则可能会给供应商传递错误的信号，导致无法就谈判事项达成共识。这里的当断则断侧重于对某些谈判事项的决定。谈判的核心人物往往是领导者，当领导者犹豫时，供应商很容易认为对方没有谈判的诚意。所以，电商公司要见机行事，该做出决定时就做出决定，最忌讳就某个议题反复讨论，各不相让，这样很容易使谈判陷入僵局。

　　小王是一家网店的运营者，在某场谈判的前期预热阶段，供应商将价格降到理想的范围内，但他还是希望对方能再降低 1 个百分点。于是，双方就这 1 个百分点展开了激烈的谈判。小王认为自己肯定占优势，因为目前供应商只和自己谈判，如果自己不采购供应商的货物，供应商的货物就很难销售出去。

　　没想到第二天下午，供应商接到一笔订单，客户要货要得非常紧急，而且愿意加价。供应商的负责人在知道这个消息后对小王表示，今天下午如果还没有确切的答案就暂停谈判。此时，小王还认为，供应商是在用时间向自己施压，于是打算先暂时搁置这 1 个百分点的问题，等过一天再继续谈判。

　　但第三天一大早，供应商的负责人就打电话告知小王停止谈判，因为已经有客户向他们紧急要货，还多给了 2 个百分点。最终，这场谈判宣告结束了。而小王在向其他供应商谈判时，没想到其他供应商给出的报价还高出市场均价，理由是原材料的价格上涨，无法保持以前的报价。

　　因为小王的犹豫，总想着谈判还有商量的余地，结果丧失了一次低价采购的机会。这也告诉我们，在谈判时一定要当断则断，舍得小利，因为有舍才能有得。市场风云变幻，只有果断出击才可能取得预期的利益。如果由于当断不断而导致谈判失败，电商公司很可能遭受不必要的损失。

　　资深采购人员张鸥曾经历过一场谈判，谈判的最终结果是双方达成合作，合作的过程也比较愉快。但让张鸥心存芥蒂的是这场谈判原本可以获得更多利益，但还是错失了良机。原来，虽然这场谈判的结果是达成了合作，但张鸥代表的电商公司以高出对方最低价格 5% 的价格成交。也就是说，张鸥在价格方面不仅没有达到预期目标，反而付出了较高的采购成本。

　　当初在谈判时，供应商表现得非常强势，因为其货物在国内确实紧俏，而且质量也非常有保障，多家电商公司都想拿到货源。张鸥所在的电商公司是其中实力比较强的，所以供应商愿意与其开展合作性谈判。

在谈判中，供应商给出了优惠条件，但同样要让张鸥给出对等的条件。当时，张鸥认为自己花费了如此多的精力才将谈判进行到这里，眼看就要进入下半场，如果不答应对方的要求，谈判肯定进行不下去。最终，双方就这项内容艰难地达成合作。很显然，张鸥并不满意，他还是想在价格方面守住底线。

供应商开出的价格还算优惠，如果再砍下 5 个百分点，就可以达成预期目标。张鸥自认为已经势在必得，所以在谈判中将这种心理袒露无遗，没有坚决拒绝，也没有马上做决定。他这种犹豫的表现确实影响了谈判，但供应商也想好了对策。

原来，供应商在谈判前提出要和自己的兄弟单位进行信息共享，包括货物的价格。兄弟单位在谈判的前一天晚上告知该供应商，有家电商公司急于采购这批货物，给出的价格也很有吸引力，而且这家电商公司对时间的要求不是很严格。

也就是说，供应商即使和张鸥所在的电商公司签订合同，货物也不会出现异常紧缺的情况。但在谈判桌上，供应商表示自己的货物异常紧缺，张鸥必须按照比原定价格再高出 5 个百分点的价格进行采购，否则就无法达成合作。

听到这样的价格，张鸥当然不愿意。而对方表示价格虽然提高了，但可以在已经达成的事项上做出一定的让步，所以还是利大于弊。

张鸥心想，谈判已经到了这个地步，现在放弃意味着之前已经商议好的内容也不算数了，而且错过这次机会，再想和供应商合作确实有难度，毕竟供应商占优势。因此，张鸥答应了供应商的条件，双方正式签订合作协议，按照计划开展合作。

小提示

　　在谈判时，当断不断，犹犹豫豫，多是因为不想放弃既得的利益，也不想多付出。所以，电商公司必须当断则断，利益达到一定程度即可，想要供应商百分百退让基本不可能。如果电商公司没有把握时机，就容易出现进退两难的情况。

7.2　掌握方法：大幅提高成功率

　　在谈判的过程中，没有掌握合适的方法很可能会使双方陷入僵局，导致双方因为暂时不可调和的矛盾而出现对峙的情况。为了解决这些问题，电商公司需要采取一定的措施。例如，在了解价格行情的基础上向供应商询价；降低供应商的底线，合理砍价，等等。当然，协定议价、间接议价也非常实用，有利于提高谈判的成功率。

7.2.1　明晰价格行情，询价有策略

　　询价是影响整个谈判的关键环节，电商公司要善于运用一些策略。供应商的报价通常有技巧，电商公司也要掌握询价策略，让对方觉得自己很内行，争取掌握谈判的主动权。

　　狭义的询价是指对几个供货商（通常至少三家）的报价进行比较以确保价格具有竞争性的一种采购方式。一般来说，如果是常规的标准型货物，其价格和市场行情相对比较稳定，电商公司可以通过以往的采购记录和供应商报价获得相关信息。但对于一些非标准化的货物，电商公司则需要在价格方面与供应商仔细谈判。

在谈判桌上，合理运用询价策略对于电商公司来说尤其重要。所以，电商公司有必要让供应商提前准备好询价所需的文件。也就是说，完整且正确的询价文件既可以帮助供应商在最短的时间内提出正确、有效的报价，也能够让电商公司顺利进行谈判。

这里需要注意的是，为了达到知己知彼、百战百胜的效果，电商公司要了解货物的基础知识、市场行情、供需状况、价格波动，还要掌握供应商的情况，如运营水平、业内信誉、合作记录等。

此外，对于电商公司来说，开口询价也有很多技巧，即使不熟悉货物的情况，不是这方面的专家，也要通过策略让供应商心服口服。

首先，电商公司不应该从一开始就询问供应商的报价，也不应该表现得非常急于知道货物的价格。电商公司需要先对供应商产品的各项指标、规格、技术流程和优势等信息进行比较全面的了解，然后正式进入询价环节。

很多时候，询价不一定只是询问价格，还要对供应商的货物有全面把握。那么，电商公司在谈判前需要了解供应商的哪些方面呢？如图 7-3 所示。

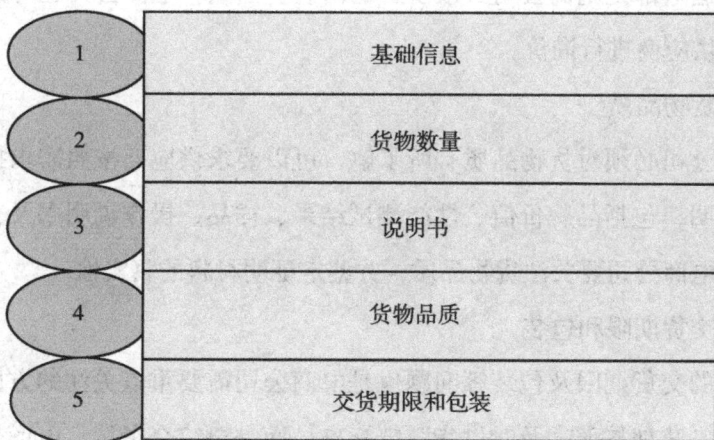

1	基础信息
2	货物数量
3	说明书
4	货物品质
5	交货期限和包装

图 7-3　电商公司需要了解供应商的五大方面

（1）基础信息

在询价单上，供应商通常会提供货物的基础信息，包括货物的名称及特殊编号，这也是电商公司必须关注的一个方面。例如，供应商给电商公司定制了一批有名称和特殊编号的货物，这就相当于让货物拥有了身份证号。无论是当下的谈判还是日后的合作，电商公司都要了解并掌握基础信息，避免不必要的麻烦。

（2）货物数量

供应商在报价时需要知道电商公司的采购数量，因为采购数量会影响货物的价格。如果电商公司无法确定具体的采购数量，可以给供应商提供一个范围，并借此衡量供应商的货物数量是否满足自己的需求。

因此，电商公司需要了解供应商的货物数量。如果供应商的货物很少，并且短时间也无法生产足够的货物，难以满足需求，电商公司就可以终止谈判，因为再谈下去只会浪费双方的时间。

（3）说明书

说明书是供应商对货物进行描述的工具，包括样品、规格、色板、工程图纸等，这些都是电商公司必须了解的内容。当然，电商公司也可以依据这些内容与供应商进行询价。

（4）货物品质

电商公司必须对货物品质有所了解，可以要求供应商按照需求提供货物品质的证明，包括品牌价值、性能测试结果、样品、操作说明书及行业达标证明等。电商公司要关注货物品质，并鉴定证明材料的真实性。

（5）交货期限和包装

货物的交货期限及包装等问题也是电商公司需要重点关注的方面。电商公司不能一味地按照"及时供货"定标准，而是要综合考量。电商公司应该要求供应商在报价单上写明包装方式，如果未写明，一定要在谈判时要求对方添加该项内容。

除了上述内容以外，供应商的运送地点、交货方式、售后服务、报价期限等也是询价文件中的内容，电商公司对此要格外注意。只有充分了解供应商及货物的信息，才能为接下来的谈判打好基础。

⌇◠ 小 提 示

询价更多是针对谈判前期工作的准备，如所需文件的准备、内容的充实等。如果供应商在文件和内容上有遗漏，电商公司就要及时提醒对方，让对方感受到自己的内行与专业。

7.2.2 逐步降低对方底线，砍价有方法

在采购的谈判桌上，对价格的谈判必不可少。从砍价的角度看，电商公司可以使用哪些技巧呢？这里为大家提供三个比较实用的技巧，分别是软磨硬泡、分析利弊、说别人便宜。

（1）软磨硬泡

有家专门在网上销售丝绸制品的电商公司为了打造从生产到售后的一条龙业务，想要采购一批生产设备。在谈判的过程中，该电商公司认为供应商应该在使用和维修方面多增加一些项目，因为丝绸工艺本身对生产设备的要求很高。但供应商的理由是自己已经提供了完善的服务，也对生产设备的使用进行了指导，没有必要再增加项目。

由于双方僵持不下，电商公司决定将谈判暂时搁置，日后再议。于是，在第二轮谈判中，电商公司又提出希望供应商增加项目，但供应商还是认为不应该增加。到了第三轮谈判，大致的内容已经敲定，电商公司还是要求增加项目。这次是因为马上就要到谈判的截止日期了，所以供应商也不再坚

持，便同意了要求。

该电商公司通过软磨硬泡、坚决不放弃的做法，使供应商答应了自己的要求。这也就表示，电商公司如果很想获得某项权益，那就不要轻易放弃。

（2）分析利弊

某网店老板得知有蛋糕厂要出售一批蛋糕，便找到负责人正式展开谈判。网店老板希望蛋糕厂以低于报价20%的价格出售，对方当然不答应。同时，网店老板各处打探消息，得知该蛋糕厂急于出售这批蛋糕是因为此前和一家网店签了订单，但对方在出货前夕毁约了。

也就是说，蛋糕厂的蛋糕已经生产出来，但没有了买主。于是，网店老板借这个信息对蛋糕厂采取分析利弊的技巧。网店老板说："你们的蛋糕已经生产出来，拖一天就离保质期近一天，我给出的价格可能不会让你们赚多少，但至少不会赔本。是让蛋糕占着库存卖不出去，还是以我提出的价格卖给我，您看着办。而且，这批蛋糕和我的要求还有一定距离，我也没有在谈判时过于追究，借此打压价格。"

听到网店老板的这番话，蛋糕厂的负责人受到了启发。他们确实急于出售蛋糕，毕竟蛋糕的保质期不长，而且现在温度还比较高，库存成本也不低。最终，经过仔细衡量和对比，蛋糕厂决定以网店老板给出的价格将蛋糕销售出去。

（3）说别人便宜

在谈判中，电商公司可以表示自己已经和3家以上的供应商谈过合作，对货物的市场行情和价格已经掌握得非常清楚，在同行都降价销售的情况下，对方还给出这么高的价格是不合适的。这种说别人便宜的方法如果运用在砍价中，可以使供应商感受到来自同行和其他供应商的压力，从而逼迫供应商做出让步。

当然，供应商往往不会因为一句"别人便宜"而主动让步，让对方成功砍价。所以，电商公司在运用第三方砍价技巧的同时，也要辅以其他因素。例如，说明看重供应商的原因，包括货物有质量保证、结算及时等。这样可以让供应商认为自己没有被一味地打压价格，从而拿出更大的诚意开展谈判与合作。

电商公司要想将上述三个技巧运用好，还需要注意以下事项。

首先，以软磨硬泡的方式让供应商降价或答应其他条件时要注意理由：是因为真心需要货物才会这样坚持，还是只想获得价格上的优惠。

软磨硬泡的反作用是供应商没有耐心继续谈判下去，表现出非常不耐烦的样子。这时，电商公司就要改变思路，想想自己提出的条件，分析对方为什么不能接受这个条件，自己可不可以先做些让步，以引导供应商答应自己的条件。

其次，相对于软磨硬泡，分析利弊的态度要强硬一些，需要抓住供应商的某项弱点或不利因素，暗示对方潜藏的危机，从而迫使对方降价。需要注意的是，电商公司即使确实掌握了供应商的"穴道"，也只能点到为止。也就是说，电商公司要给供应商一种雪中送炭的感觉，让供应商觉得可以真心诚意地与自己展开合作。

最后，说别人便宜是比较常用的技巧，但起到的作用可能不如前两个技巧。在这种情况下，电商公司要增加辅助条件，让供应商认为自己之所以要谈判，是因为看中了产品的质量、生产工艺或售后服务。此举有利于引导供应商答应砍价要求。

小提示

谈判本身就是一场耐心的较量，需要双方有信心和诚意。在砍价方面，以上三种技巧可以单独使用，也可以综合使用。当然，电商公司还可以根据实际情况使用其他砍价技巧，不过很多时候要软硬兼施才可以达到目标。

7.2.3　时刻掌握主动权，让步有技巧

成功的谈判往往是双方让步的结果。一般来说，一方完全占尽优势的谈判很少见，只有相互让步才能达成一致。在谈判中，让步也有一定的技巧，既不是一味忍让，也不是固执守旧。精明的谈判高手都是在让步与前进中一点点实现自己的预设目标。比较理想的结果是自己让步后也让对方马上让步。

让步技巧在谈判中的优势是更容易让对方一点点进入自己预设的目标区。相比略显强势的砍价，让步反而会让双方更有谈判的余地。而且，即使双方有分歧，甚至有冲突，也能够在一方的让步中取得可能的进展。

当然，让步也不总是有好的结果。电商公司做出让步，供应商可能认为自己之前的条件有"水分"，不仅没有同样做出让步，反而提出更多要求；或认为这些让步微不足道，依然保持很强硬的态度。在谈判中，这种情况其实不利于电商公司把握主动权。因此，电商公司要掌握让步技巧，确保在自己做出让步的同时，对方也有所让步。

在谈判中，电商公司可以采取哪些让步技巧呢？如图 7-4 所示。

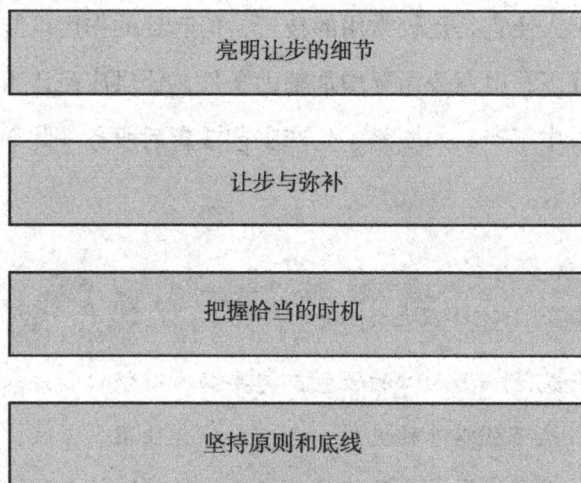

亮明让步的细节

让步与弥补

把握恰当的时机

坚持原则和底线

图 7-4　电商公司的让步技巧

（1）亮明让步的细节

电商公司如果想通过先行让步引导供应商的跟随性让步，就要亮明让步的细节，包括让步的条件、对象、理由及具体标准等，从而避免因为让步导致新的问题和矛盾出现。如果想让供应商马上做出让步，电商公司可以加入一些与供应商利益密切相关的细节。

需要注意的是，电商公司做出的让步必须有依据、有标准，要让供应商明确感受到诚意。当然，电商公司还可以将采购的困难和问题展示出来。例如，如果你是代表电商公司谈判的人，那么可以向供应商表示降低 1 个百分点的利润没有问题，但这样擅自做主肯定不好向领导交代，甚至会影响以后的谈判。到这里，供应商应该知道只有自己让步，才可以让谈判顺利地进行下去。

（2）让步与弥补

电商公司如果做出了让步，就要尽可能在其他方面让供应商也做出加倍、至少是对等的让步。所以，让步与弥补往往是同时存在的，即在某个方面失去了，同时也要想办法在其他方面弥补回来，这样才不至于失去谈判的意义。当然，如果电商公司在谈判中认为供应商的让步为自己带来了利益，那么也要适时收手，以保持全盘的优势。

（3）把握恰当的时机

电商公司要想通过让步使谈判取得进展，就必须在适当的时机提出条件，让供应商尽可能满足砍价的要求。至于电商公司应该在何种时机提出条件，则需要以客观情况为准，而不能仅仅依赖一些主观因素。在遵循让步原则的前提下，电商公司必须有选择性地向供应商提出让步的条件。

（4）坚持原则和底线

在谈判中，双方都有自己的原则和底线，也都不会轻易违反原则和超越底线。所以，电商公司要坚守让步的限度和内容，应该知道哪些方面可以让步，哪些方面不可以让步。即使电商公司在谈判中处于相对劣势的地位，也要争取得到预期的回报。

从实操性上讲，让步策略最好先小后大，力度逐渐增强。如果电商公司在谈判一开始或遇到阻力时就立刻让步，很容易让供应商产生"抗药性"。毕竟让步也是有时间限度的，仅仅依靠让步其实很难满足供应商的要求，而且一味地让步也不现实。

因此，电商公司要坚持原则，坚守底线，争取以较小的代价换取最有效的利益。而且，电商公司还要保证在让步的同时，供应商也做出至少对等的让步。

之所以强调让步技巧，是因为让步在谈判中隐含着双层结果，可能会让电商公司更有利，也可能会让电商公司损失更多。所以，让步要讲究一定的策略和方法。此外，在砍价、付款、交货、售后等关键环节上，电商公司也要制定严格的让步方案。

💡 小提示

让步型谈判是以退为进，最好或必须退一步进两步，以和为贵，而不是始终强硬，无法商讨。小幅度让步往往更有效，毕竟谈判就是在你进我退或我进你退中达成的。最后，电商公司要注意一个问题，那就是不能做没有回报的让步，最好让供应商先让步，自己在次要方面做出对等的让步。

7.2.4 协定议价，实现利益最大化

无论在谈判桌上还是在日常生活中，议价的场景都很常见。之所以要议价，是因为双方对价格的意见不一致。大多数情况是买方认为价格高，而卖

方认为低于之前的报价会使自己亏损。如今，议价的方法非常多样，具体包括以下几种。

（1）直接按照原价议价

例如，供应商的报价是 523 元 / 台，电商公司直接要求减掉零头，变为 520 元 / 台。这种方法比较容易操作，对方也能够接受。

（2）分别议价

电商公司可以对货物的付款方式、交货期、数量及运输等条件提出相应的要求。例如，按照采购数量越多、价格越低的惯例与供应商议价。

（3）总价议价

即按照最终的交易总额进行议价。例如，某货物的总额是 153 811 元，那么电商公司就可以提出去掉零头，降为 153 800 元或 153 000 元。

（4）成本议价

电商公司可以从货物的成本入手，加入利润因素，与供应商的报价进行对比，并以此为依据向供应商提出降价要求。例如，电商公司根据已有信息分析得出供应商的利润比例，然后在此基础上提出新的报价。这就是一种按照成本议价的方式，好处是可以减少虚报的成分，但前提是对成本的预估要比较准确。

对议价的方法有一定了解后，接下来就正式开始介绍本节的重点：协定议价。要知道，无论是杀价、砍价还是还价，都是谈判中的必要环节。电商公司对此要有清晰的认识，制定详细的方案。这个方案应该与询价技巧、砍价技巧及退让策略相互配合，以便谈判进行得更顺利。那么，协定议价的技巧有哪些呢？如图 7-5 所示。

（1）敲山震虎

在谈判中，电商公司不妨以暗示的方式告诉供应商潜在的危机，借此迫使供应商降价。电商公司需要提示供应商内部存在的不利因素，使其在价格

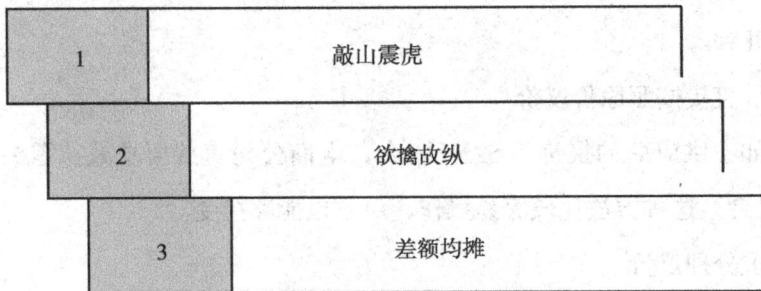

图 7-5　协定议价的技巧

问题上处于被动地位。此时，电商公司再顺势提出自己的价格，迫使供应商答应。

　　当然，电商公司在使用敲山震虎式的技巧时要把握好力度，不可以太强势，而是要让供应商有这样的感觉：我指出你的潜在危机，虽然这是在为自己的利益着想，但从客观上讲也是在帮助你。如果电商公司向供应商表明诚心合作的态度，那么议价也就成功了。

　　（2）欲擒故纵

　　欲擒故纵是指对待敌人要先故意放开他，使其放松戒备，充分暴露，然后一举拿下；用于价格谈判中则是从试探入手，根据供应商的反应，让供应商跟着自己的节奏走。

　　在谈判桌上，电商公司与供应商相互争执，看起来势均力敌。这时，电商公司要善于隐藏自己的采购意愿，不要表现出非买不可的急切心态，否则很容易被供应商牵到"牛鼻子"，使自己处于劣势地位。

　　相反，电商公司要以若即若离的姿态对待这场谈判，从询价切入，观察供应商的态度。如果电商公司判断供应商有急于销售的意向，就要开出自己设定的价格；如果供应商没有迫切成交的态度，那么电商公司也要表现出放弃的样子。

在议价方面，如果供应商急于出售又对电商公司提出的价格不满，往往会提出加价要求。这时，电商公司可以视情况同意供应商的要求，以便促成谈判。欲擒故纵的技巧之所以见效，就在于抓住了对方的弱点，无论对方是否急于出售，都有相应的策略，最终迫使对方答应议价要求。

（3）差额均摊

在议价的过程中，最不理想的状态就是双方各不相让，即电商公司不愿意加价，供应商不愿意降价。如果双方就此争执不下可能会使谈判破裂。所以，差额均摊也不失为一种折中的做法。

举个简单的例子，供应商表示布料的价格只能低至 14 元 / 米，而电商公司坚持自己的价格 12 元 / 米。差额均摊的做法是双方各让 1 元，成交价格为 13 元 / 米。将双方议价的差额作为成交价格可以平衡双方的利益，保证双方各取所需。

💡 小提示

以上列举了三种协定议价的技巧，电商公司在谈判过程中可以使用的技巧当然不止这些。对于电商公司来说，最重要的是从这些技巧中领悟到谈判的难度和突破点，通过这些技巧与供应商议价，最后顺利成交。

7.2.5 间接议价，适当利用心理落差

"啊？太高了！"在听到供应商的报价后，网店老板张明辉佯装惊叫起来，以表示自己的惊讶。再加上夸张的表情和动作，他成功地让供应商有了同样惊讶的感受。此时，供应商可能会想："难道我的报价真的吓着他了？可能应该再降低一些。"当供应商有这种思想变化时，张明辉就开始占据优

势地位。要知道，以大吃一惊的表现使供应商进入自己的"圈套"是间接议价的一种技巧。

例如，某电商公司的创始人周扬在和供应商洽谈一批货物的采购。对于这项工作，周扬虽然是老板，但丝毫不怠慢，抓紧时间收集和整理资料。等到正式谈报价问题时，供应商给出的价格是 3.6 万元。

"3.6 万元？这么贵！"看着极度吃惊的周扬，对方负责人更是诧异。他没想到周扬的反应会这么强烈，于是想：难道自己的报价真的太高了？确实，周扬也没想到对方的报价会和自己预期的报价相差这么多。"您刚才说的是 3.6 万元？我没听错吧！这批货物竟然值 3 万多元，是不是太高了？"周扬再次激动起来。

双方约见的地方是一家咖啡馆，本身就很安静，周围的人在听到周扬的惊讶后纷纷投来疑惑的眼光，这让供应商的负责人非常尴尬。毕竟这个地方是他选的，而且这家咖啡馆的老板和服务员也都认识他。

负责人赶紧向周扬解释报价是如何得出的，并立即表示只要周扬有采购的诚意，这个报价还可以再商量。负责人也看得出来，自己的报价确实吓着周扬了。经过多次谈判，周扬最终以一个合适的报价与对方成交了。

在这个案例中，周扬没有明确说出自己的理想报价，却通过大吃一惊的表现向供应商的负责人表达了自己的态度：这样的报价太高，我接受不了。实际上，这也是一种间接议价的技巧，可以保护电商公司的利益。

很多人可能会认为，当供应商开出的价格和自己的心理预期相符时，就不会有大吃一惊的表现。那么，为什么这里还要强调必须表现出对报价的极度诧异呢？因为供应商给出的报价，特别是第一次报价往往是投石问路，想看看对方对这个报价的满意程度。如果对方大吃一惊，就是在告诉自己对方无法接受这个报价。

另外，当自己表现出大吃一惊的样子时，供应商也容易受到感染，接着会考虑自己的报价是不是太高了，要不要做一下让步。可见，间接议价是在不直接谈及价格的情况下迂回前进，潜移默化地使供应商自动让步，从而将价格固定在预期范围内。

在谈判的过程中，间接议价可以起到很好的过渡作用，因为可以让双方先讨论一些不相关的话题，如各自的工作及生活等。但从本质上说，这也是一种谈判，只是未直接涉及报价。此举有助于双方放松心情，卸下防备，降低对报价的敏感度。

电商公司在议价时最好不要使用邮件或电话等方式，而是要与供应商面对面商量。因为肢体语言、面部表情都可以成为与供应商议价的工具，进而达成让供应商妥协、降价让步的目的。

此外，当供应商的报价高出预期且不愿意让步时，电商公司可以要求其用非价格要素进行补偿。例如，电商公司可以要求供应商承担售后服务或物流运输的部分费用，这样也可以达到间接议价的目的。

间接议价还可以与让步相结合，以另一种方式维护双方的利益。例如，当与供应商就报价争执不下时，电商公司可以换个角度思考，对次要部分的细节做出让步，并从让步中要求供应商给予同样的回报。同时，电商公司需要做好记录，将商量好的结果写入合同中。

小提示

间接议价的技巧也可以用在非价格要素中，以实现对自身利益的保护。很多时候，谈判的过程其实就是双方保护自身利益的过程。在这个过程中，有黏合，有妥协让步，也有强势倒逼。间接议价可以使这些因素互补，推动双方成交。

7.3　化解僵局：合理应对特殊情况

电商公司要想在市场中获得优势地位，需要合理应对特殊情况，包括采购量少怎么办，如何"搞定"垄断型供应商，如何获得供应商的青睐。

7.3.1　网店规模小，采购量少，怎么办

一般来说，供应商不愿意接采购量很少的订单，尤其是强势供应商在看到这样的订单时甚至都不愿意关注。对于规模比较小的网店来说，采购量虽然少却实实在在影响着供应链及后续的工作。那么，应该如何解决采购量少的问题呢？

首先要从采购量本身进行分析。为什么会采购量非常少？一种常见的原因就是出现紧急采购的情况。例如，因为临时改变促销计划，需要紧急采购一批产品。如果网店面临这种情况，不妨先答应供应商的要求，毕竟运营更重要。

其次是规模小导致对采购量的要求确实不大。当然，如果采购量比较少，很多供货商是不愿意签订采购合同的，这就要考察老板的谈判能力。一种方法是向供应商表示网店正处在发展阶段，以后采购量将大幅上升，会固定在某个采购范围内，不会像现在这样采购量少且不稳定。另一种方法是向供应商表示自己的采购量不会很大，但会一直有采购订单，属于细水长流式的采购。在这种情况下，即使强势的供应商也会由于有长期订单而选择与小规模的网店合作。

最后，依据采购量寻找供应商。如果网店的采购量只占到供应商供应总额的1%，甚至更小，那么确实很难让供应商将自己放在战略性的位置上。当网店的采购量达不到供应商批量生产的要求时，供应商很难准时供货。一

且供应商无法准时供货，网店又恰巧只有一家供应商的话，那么网店的供应链会受到严重影响，甚至断裂。

所以，最合适的方法就是根据采购量寻找供应商。采购量少的网店如果和大型的供应商合作，肯定处在被动局面。因此，网店在考察供应商时，除了关注生产流程是否符合产品的要求以外，还要评估供应商的产能是否满足小批量采购的条件。

无论从网店还是供应商的角度来说，小批量采购都确实对双方的关系提出了更高的要求。即使处于相对被动的地位，网店还是要正确面对供应商，可以做出适度让步，但合作仍要以公平为主，保证及时交货。对于可能出现的问题，双方要在谈判桌上提前说明，制定应急预警方案。

此外，网店还要根据自身的具体情况，尽可能保持相对稳定的供应链。因为虽然小批量采购可以找到供应商，但面对一些强势的供应商，小规模的网店确实处在不利地位。

小提示

如果网店的规模小，就需要加强对自身供应链的管理，对采购量尽可能做出相对准确的预测，提前设定解决方案，而不是在出现紧急情况、要小批量采购时才想起和供应商开展谈判与合作。

7.3.2 电商公司如何"搞定"垄断型供应商

在谈判时，有一类供应商是让电商公司比较头疼的，那就是垄断型供应商。垄断型供应商通常掌握了关键技术，例如，可以生产高精密度的零部件等。这类供应商的研发和生产实力都比较强，在与电商公司的关系中处于强势地位。

那么，电商公司应该如何"搞定"垄断型供应商呢？方法就是对其进行全面分析。一般来说，垄断型供应商都是龙头老大，有些还是国际知名公司。即使没有这样的特殊地位，垄断型供应商至少也是当地的优势公司，是供应链中的关键环节。这类供应商在某方面有着其他供应商无法比拟的优势，这种优势使其在与电商公司谈判时显示了自己的强大，而电商公司又不得不与其合作。

所以，这种力量对比的差别直接导致电商公司与垄断型供应商形成了明显的悬殊。那么，垄断型供应商会在哪些方面显示自己的强大与优势呢？

（1）产品优势

垄断型供应商可能在产品，特别是关键产品方面有独特的优势，如精密零部件等。对于技术要求高、设备投资大的产品，实力稍弱的供应商往往很难保证质量。这也使垄断型供应商在谈判的过程中更有底气。

也可能是电商公司需要的产品只有少数几家供应商可以提供，而其他供应商与其相比，生产能力差距很大。这就导致电商公司不得不与少数几家供应商开展谈判，彼此之间的透明度反而更高一些。

（2）拥有专利技术，形成技术壁垒

如果供应商拥有专利技术，而且对该技术形成了壁垒，那就很有优势。特别是独家研发的专利技术，其他供应商又很难有专业性突破，电商公司与这样的供应商谈判，再加上自身的实力确实不及对方，那就肯定会处于相对弱势的地位。

（3）管理先进，有品牌、有效率、有实力

垄断型供应商有非常强的综合实力，往往品牌历史悠久，形象深入人心，在管理方面也有自己的一套体系。面对这样的供应商，电商公司要认真应对。

以上三点对垄断型供应商进行了简要梳理。可以看出，垄断型供应商之所以强势，往往都是因为自身拥有相对较高的水准。当然，也不排除有些供应商的实力并不是很强大，但面对比自己稍弱的电商公司时依然非常强硬，不愿意做任何让步。如果遇到这样的供应商，电商公司要谨慎判断是否与其展开谈判与合作。

分析了垄断型供应商的特点和优势，电商公司到底应该如何应对呢？比较有效的办法就是从合作模式入手，在谈判中要求对方与自己并肩战斗。在谈判的过程中，电商公司可以向对方提出合作模式，以顺利完成供货与采购活动。

例如，垄断型供应商可以针对电商公司的生产流程制定供货方案，电商公司则可以向垄断型供应商提出生产建议方案，优化其生产流程。一旦出现质量问题，电商公司要与对方共同协作，分析原因，解决问题。

在供货与采购的过程中，双方应建立一种信任关系，互相沟通产品情况，电商公司甚至可以对产品在价格或物流方面提供有利于对方的条件。电商公司与供应商之间看起来是简单的供需关系，实际上要想取得更好的效果，就要在谈判中建立合作模式，长期保持合作关系。相对于导入竞争机制，这种做法更能克服互相推诿的现象。

电商公司要想在谈判中更有底气，就要坚持"任何事情都可以通过谈判达成"的原则，将问题甚至分歧放到谈判桌上，让对方看到自己谈判的诚意和决心。

小提示

在谈判时，电商公司不仅要关注产品本身，也要收集供应商的数据和信息，这样才能提高谈判成功的概率。

7.3.3 必要时给供应商送一些小礼品

在谈判中，给予供应商适当的馈赠，对增进友谊、加强情感沟通有一定的作用。赠送一些合适的礼品，为从外地来的供应商提供非常热情的接待，这些既体现了电商公司的待客之道，也可以对谈判本身起到润滑的作用。

有句谚语叫"千里送鹅毛，礼轻人意重"，在谈判的场合中适当赠送一些礼品是对供应商的重视。从商务礼仪的角度来看，给予供应商适当的馈赠，对于谈判业务以外的关系建立与维护都很有好处。

那么，在馈赠的细节方面，电商公司应该如何做呢？选择什么样的礼品送给供应商才比较合适呢？

（1）了解供应商的信息，投其所好

在赠送礼品前，电商公司要对供应商进行调查，投其所好。电商公司向供应商赠送礼品要以大局为重，应该站在商务礼仪的角度甄选礼品。例如，供应商的负责人对翡翠情有独钟，那么选择一款翡翠作为礼品就非常不错。

除了投其所好以外，电商公司还要衡量谈判的规格，选择与谈判的规格相符的礼品。例如，在高规格的谈判中，双方都是高层领导，涉及的金额在百万元级别以上，在这种情况下挑选的礼品自然要高端一些，而不能是随处可见的促销品。

（2）选择有良好寓意的礼品

礼品本身就有美好的寓意，电商公司在挑选礼品时要注意礼品的内涵。例如，某电商公司向供应商赠送了一个定制款的合金雕塑握手摆件，寓意精诚合作、开拓未来。电商公司送的礼品要有艺术性、趣味性及纪念性，争取别出心裁，为谈判锦上添花。即使谈判陷入僵局，一个礼品也可能化解双方的矛盾。

（3）把握好送礼品的时间

在谈判刚开始时，很多内容不明确，可能不是送礼品的良好时机。当谈判取得阶段性进展或签订合同后，电商公司可以适当送一些礼品作为庆贺。当然，这也不是绝对的，如果供应商先拿出礼品来，那么电商公司也要及时回礼。

在时间的选择上最好有一个合适的理由，如供应商的周年庆、负责人的生日，或法定节日，包括端午节、中秋节等。这样既不会显得过于突兀，也会让供应商轻松接受礼品。

（4）注意禁忌

电商公司作为赠送者应该事先了解对方的身份、爱好、生活习惯，也要了解对方的禁忌。某电商公司选择了一款价格不菲的香水作为礼品送给供应商的负责人，殊不知对方对香水过敏。试想，这样的礼品对谈判会是加分项吗？显然不是。所以，电商公司在赠送礼品时要考虑周到，不要触及供应商的禁忌。

💡 小提示

送礼品属于谈判中的礼仪性内容。礼仪性内容还有很多，如接待之道、说话的态度等。从打破僵局的角度看，给予供应商适当的馈赠是非常不错的做法。

第 8 章

签署合同：别让合同陷阱"坑"了你

////////////////

对于电商公司来说，签署合同的主要目的是防范采购风险，维护自身利益。为了避免在签署合同时掉入陷阱，电商公司需要了解合同的常见类型及必备条款，还需要掌握判断合同的真实性和有效性的方法。电商公司只要对合同及其可能出现的问题了如指掌，就可以让自己免受损失。

8.1 电商采购合同的常见类型

比较常见的采购合同有分期付款类合同、试用类合同、样品类合同。每一种合同的特点和优势是什么？有哪些值得注意的地方？在采购业务中如何运用？这些问题都是电商公司需要认真思考并给出解决方案的。此举有利于增强电商公司和供应商的规范意识，提升双方的业务能力。

8.1.1 分期付款类合同

分期付款类合同的特点是电商公司收到货物后分若干次付清货款，或电商公司先分批支付一定的货款后，供应商再开始分批供货。一般来说，在电商公司收到全部的货物后，货款至少应该分两次付清才可以称为分期付款。

分期付款类合同是一种特殊的合同，与其他合同的本质区别在于电商公司不是一次性付清全部货款，而是按照约定期限分批支付货款。以约定采购事宜为主要目的，采取分期付款的方式是分期付款类合同的常见模式。

那么，是不是只要合同中约定了电商公司在不同的时间段支付货款，就可以将其认定为分期付款类合同呢？这就要对 "分期" 进行解释。在分期付款类合同中，"分期" 是指分为不同的时间段。例如，双方在合同中约定货款分 10 次付清，每次于每月最后一天前付清，从签订合同的当月开始计算。可见，分期付款类合同强调的时间段是固定的。

另外，分期付款类合同还有两个特点：一是货物的先行交付性，即电商公司在第一次支付货款后，供应商必须即刻完成货物的交付；二是货款的分期支付性，即电商公司在获得货物后需要分两次以上支付货款，否则签订的合同就不属于分期付款类合同。

从以上信息可以看出，分期付款类合同的付款方式和付款期限都比较特别。例如，双方提前约定好在未来某个时间段支付一定的货款。可以说，分期付款类合同更像是一种信用交易，这个交易的前提是双方有按期付款与供货的能力。

现在经常会出现因为信用危机而无法顺利执行合同的现象。即使合同中有对违规者的处罚条款，但在落实上还是有难度的，而且也容易给对方带来不好的影响。例如，电商公司没有预见到供应商在供货时可能会因为资金周转问题而无法正常供货，这样会严重影响供应链的正常运转。

所以，为了维护电商公司与供应商的合法利益，合同中必须明确双方应该承担的义务，并附带违约责任，设定具体的违约金额。在正式签订合同前，电商公司要对其中的内容和条款进行审查与核对，包括货物数量、质量标准、包装要求、付款方式及交货地点等。

💡 小 提 示

分期付款类合同的内容和条款最好对双方都有利。当然，无论内容和条款是什么，双方在签订合同后都要严格执行。

8.1.2　试用类合同

试用类合同的特点是供应商将货物交给电商公司试用，电商公司先试用一段时间后决定购买并支付货款。实际上，试用类合同是在附带条件下签订的合同，需要电商公司试用且决定购买并支付货款后才生效。

这类合同有些类似于营销策略中的免费试用。与普通合同相比，试用类合同的货物所有权转移比较特别。在签订试用类合同后，供应商会向电商公司供货，电商公司已经实际占有了货物。不过，在电商公司正式决定购买货物前，货物的所有权不发生转移。

为了促使试用类合同能够被有效执行，减少不必要的纠纷，《中华人民共和国合同法》（以下简称《合同法》）第一百七十条规定："试用买卖的当事人可以约定标的物的试用期间。对试用期间没有约定或者约定不明确，依照本法第六十一条的规定仍不能确定的，由出卖人确定。"

此外，《合同法》第一百七十一条规定："试用买卖的买受人在试用期内可以购买标的物，也可以拒绝购买。试用期间届满，买受人对是否购买标的物未作表示的，视为购买。"

接下来，我们对试用类合同的关键要素进行梳理，并在此基础上为读者介绍三条签订试用类合同的注意事项，如图 8-1 所示。

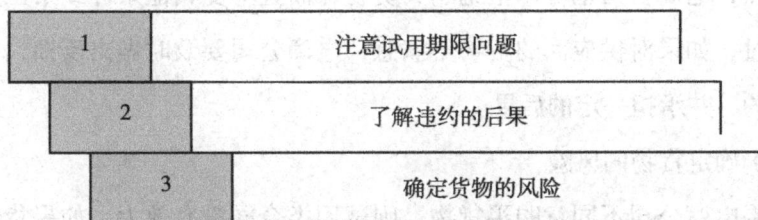

1	注意试用期限问题
2	了解违约的后果
3	确定货物的风险

图 8-1　签订试用类合同的注意事项

（1）注意试用期限问题

①双方根据自愿原则确定试用期限。试用期限是试用类合同中的重要内容，试用类合同本身要符合自愿原则。所以，双方要在签订试用类合同前确定试用期限，这个试用期限必须经过双方的同意。

②根据交易习惯确定试用期限。电商公司和供应商也可以根据交易习惯

确定试用期限。因为有些电商公司与供应商不是第一次合作，彼此有一定的信任，所以如果没有提前确定试用期限，那就按照以往的惯例确定试用期限。这样的做法往往有一定的风险，最好还是在试用类合同中标明试用期限。

③由供应商确定试用期限。如果双方未确定试用期限或试用期限不明确，事后又不能达成补充协议，而且根据有关条款及交易习惯也无法确定试用期限的，则按照《合同法》第一百七十条的规定，由出卖人（即供应商）确定试用期限。

当然，即使由供应商确定试用期限，也还是要考虑到货物试用或检验的时间。如果试用期限太短，电商公司就不能充分试用或检验货物，从而不利于保护自身利益。所以，对于电商公司而言，试用期限的确定是一个关键问题，必须合法合规。与此同时，电商公司还要想方设法保护自身的利益，必须充分试用和检验货物。

（2）了解违约的后果

在试用期限内，如果电商公司同意购买货物，即承认试用类合同的效力。当然，电商公司也可以拒绝购买货物，而且不受其他条件或第三人的限制。不过，如果对供应商的货物不满意，电商公司要及时做出反馈，否则就视为违约，并承担一定的后果。

（3）确定货物的风险

如果电商公司不同意购买货物，则试用类合同没有效力。如果货物已经交付给电商公司，货物风险的转移时间应该从电商公司同意购买之日算起。

小提示

以上就是试用类合同的注意事项，电商公司既要履行条款，也要维护自身的利益。此外，电商公司一定要经过深思熟虑再决定是否购买供应商的货物。

8.1.3　样品类合同

样品类合同的特点是根据样品的质量决定是否进行交易。一般来说，电商公司需要通过样品确定货物的质量，供应商必须交付与货物有同样质量的样品。例如，供应商为电商公司提供了零部件样品，双方应该做出约定：该样品与货物的质量相同。

在样品类合同中，约定的样品一旦确定，任何一方都不可以随意更改。样品与买卖的货物应该为同一种类。因此，此类合同通常适用于种类确定的货物交易。样品类合同与其他合同最大的区别在于，货物的质量与样品的质量必须相同。

如今，定制服务越来越受到消费者的青睐。市民曾先生在当地一家商场看到一套自己非常满意的衣柜，销售人员表示可以为他打造一套与样品一模一样的衣柜。于是，曾先生马上下单。但没想到的是等到衣柜安装好后，曾先生才发现隐形门的材质与样品不一样：样品的隐形门是印花木门，实物却变成了印花玻璃门。

为此，曾先生找到商场负责人。负责人表示材质问题不影响衣柜的正常使用，让曾先生不要过于在意。随后，曾先生找到当地的市场监管部门，商场才答应尽快解决问题。

曾先生的案例虽然属于个人消费纠纷，但也启示广大电商公司，在凭样品采购前一定要与供应商沟通好细节，包括货物的质量、规格型号、交货日期及售后服务等。

样品类合同要求出卖人即供应商必须按照样品的质量交付货物，这也说明了供应商对样品承担相应的责任。因为电商公司是以约定的样品确定最终交付货物的质量，所以样品本身具有重要的法律意义。在这种情况下，供应商应该封存样品，保证样品不受损害，以免影响电商公司对样品的认识和判断。

另外，如果供应商交付的货物与样品及其说明的质量不一致，那就需要承担瑕疵担保责任；如果电商公司以货物的质量与样品不符为由拒绝购买货物，那么供应商需要证明货物的质量与样品相符，否则就必须承担延迟履行责任；如果电商公司在收到货物后提出瑕疵担保请求，那么供应商需要对货物的质量与样品不符承担举证责任。

💡 小 提 示

　　无论是供应商还是电商公司，只要认为货物的质量与样品不符，就要拿出相应的材料证明自己的观点的正确性与合理性。这也说明了样品必须保存完好，以便日后发生纠纷时有可参照的材料。

8.2　电商采购合同有哪些条款

对于电商公司来说，订立合同是非常关键的一步，特别是合同的内容必须一一落实，认真审查。电商公司在订立合同时应该设置合同的各项条款，包括标的条款、质量条款、交付条款、付款条款及违约条款。从货物到供货再到违约责任认定，电商公司要对各个方面进行仔细核对，以防范采购风险，维护自身利益。

8.2.1　标的条款

标的条款必须清楚地写明标的的名称，以使标的特定化，从而界定双方的权利和义务。从分类来看，标的可以是实物、行为、智力成果，也可以是某种权利。所以，标的的性质不同，可能会引发不同的情况，应该在合同中有所区别。那么，电商公司在设置标的条款时要注意哪些事项呢？如图8-2所示。

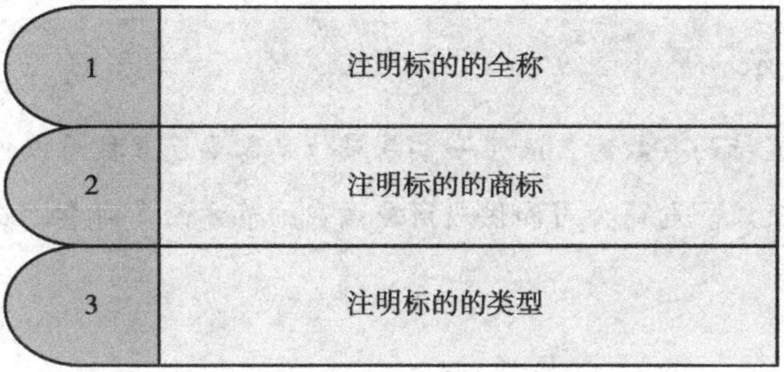

图 8-2　设置标的条款的注意事项

（1）注明标的的全称

标的条款中必须有标的的正式名称，也就是标的的全称。此外，标的的名称还要尽可能与国际标准或行业习惯保持一致。在实际的交易中，如果因为标的的名称与类似货物相混淆，那么由此带来的麻烦与纠纷甚至可以导致合同成为空壳，从而让双方或其中一方蒙受巨大的经济损失和信誉损失。

另外，同物异名的情况现在也十分常见。例如，对于同一个标的，不同的地区有不同的称谓。所以，针对标的的名称，电商公司要注意同物异名的情况。如果有必要，电商公司可以要求供应商配上标的的图片，再加上描述性说明。

（2）注明标的的商标

商标是标的本身独有的标志，代表标的的专属信息。标的条款中一定要有标的的商标，电商公司也必须对此进行认真识别。

（3）注明标的的类型

标的主要有4种类型，分别是有形财产、无形财产、劳务及工作成果。

电商公司要注意区分标的的类型和特征，以免对合同的履行造成影响。除了标的的类型以外，标的的型号、品种、等级等信息也要在合同中注明，而且要保证准确无误。

💡 小提示

　　在设置标的条款时，除了一些基础信息需要反复核对以外，还要注重沟通和交流。电商公司和供应商应该在细节方面多商量，以防止出现矛盾。

8.2.2　质量条款

　　质量条款是合同的重要部分，电商公司要认真核实。如果质量条款模糊不清，很容易导致电商公司在履行合同时遭受不必要的损失。此外，当质量条款出现问题时，也会给供应商创造设置陷阱的机会。

　　这样的后果是电商公司既投入了财力和人力，也没能保证标的的质量，从而违背了签订合同的目的。那么，电商公司在设置质量条款时应该注意哪些事项呢？如图 8-3 所示。

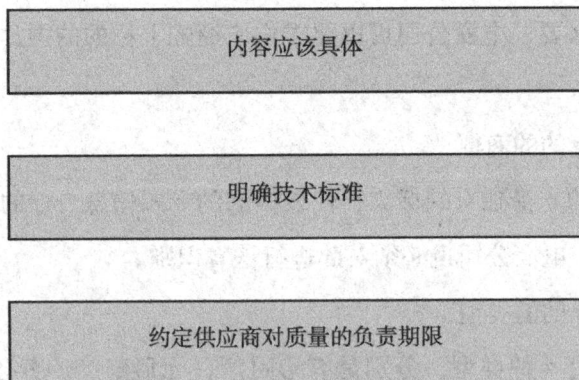

内容应该具体

明确技术标准

约定供应商对质量的负责期限

图 8-3　设置质量条款的注意事项

（1）内容应该具体

在规定标的的质量时，不要使用一些统称词，或模糊的字眼，如左右、大约、误差等。无论以何种方式对标的的质量进行规定，都要具体且明确，否则很可能在交付时产生纠纷。如果电商公司与供应商对标的的质量没有明确约定，但在履行合同期间对标的的质量产生了不同意见，那就应该参照国家标准、行业标准。如果没有国家标准、行业标准，那就按照通常标准或双方都愿意接受的特定标准履行合同。

所以，为了避免不必要的麻烦，质量条款的内容一定要具体且明确。此外，标的要符合相关标准，以维护双方的合法利益。

（2）明确技术标准

质量条款中应该有标的适用的技术标准。当然，电商公司和供应商还可以通过其他方式对质量进行描述与规定。例如，依靠文字、图片等方式说明标的的质量。

（3）约定供应商对质量的负责期限

电商公司在签订合同时，要注意约定供应商对质量的负责期限。一般的质量负责期限有3个月、6个月。当然，具体的负责期限需要根据标的的实际情况约定。除了负责期限以外，质量的验收也要写入合同，包括验收的地点、方法、相关责任人等。

💡 小提示

质量条款在合同中发挥着重要的作用，是电商公司验收标的的依据。质量条款关乎电商公司、供应商等多方的利益，需要在合同中明确表示。

8.2.3　交付条款

交付条款是电商公司与供应商对标的转移过程的约定，是合同中最重要的内容之一。那么，合同的交付条款中有哪些核心要素呢？如图 8-4 所示。

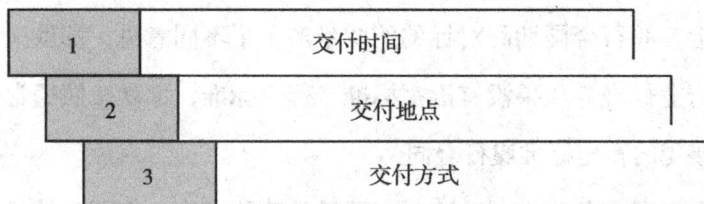

1	交付时间
2	交付地点
3	交付方式

图 8-4　交付条款的三大核心要素

（1）交付时间

电商公司可以在合同中明确规定供应商提供货物的时间。在交付条款中对交付时间有明确约定不仅能够保护电商公司的利益，还可以防止供应商以各种理由逾期交付。

（2）交付地点

交付地点是指供应商提供货物或电商公司提取货物的地点，其在合同中具有重要的意义。一旦双方发生纠纷，交付地点涉及仲裁机构和人民法院对此次纠纷的管辖权。在履行合同时，将货物转移到交付地点的方式有三种：第一种是由供应商运送货物，交付地点为电商公司所在地；第二种是供应商代办托运业务，交付地点为货物的发出地；第三种是电商公司自提货物，交付地点就是货物的提取地。

（3）交付方式

交付方式是指以哪种方式完成货物的交付，一般可以分为三种：一是送货上门；二是电商公司自提；三是代办托运，即委托第三方运输。其中，由供应商送货上门的风险最小，代办托运的风险最大。

小提示

在交付条款的内容方面，电商公司还应注意一些细节。例如，因为交付产生的运输费用由谁承担，货物丢失或损坏的后果由谁承担。电商公司最好将这些细节写入合同，以规定双方的权利和义务，避免出现不必要的纠纷。

8.2.4 付款条款

电商公司与供应商可以通过付款条款约定付款的金额、方式及时间等内容。按照合同的规定，支付货款是电商公司需要对供应商承担的基本义务。那么，付款条款中究竟有哪些具体的内容呢？如图 8-5 所示。

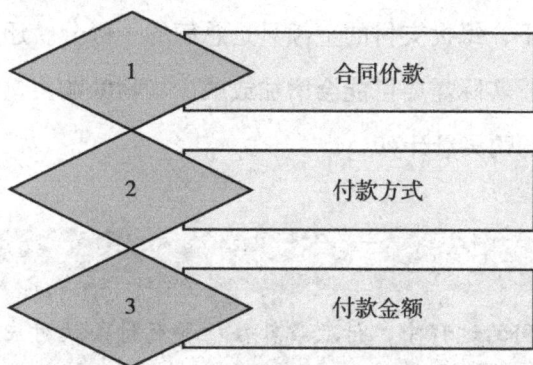

图 8-5 付款条款的具体内容

（1）合同价款

付款条款中必须有合同价款的内容，而且合同价款的大小写应该一致。如果货物是按照单价计算，则要明确标明货物的单价、总价及核算方式。如果合同中有涉及海外业务的内容，则需要明确约定用何种币种进行结算，以避免因为汇率变化而出现的币种升值或贬值的问题。

（2）付款方式

在付款条款中，双方应该约定明确的付款方式。付款作为电商公司最主要的义务，涉及付款条件、付款方式、开具发票等具体事项。

付款条件主要是看发货与付款的先后顺序，即是先付款后发货，还是先发货验收合格后再付款。付款方式主要有两种，分别是现金交易和银行转账，前者的风险通常要更大一些。

此外，为了维护自己的利益，电商公司还可以在付款条款中添加质保金条款。例如，供应商没有按照约定提供货物的发票，电商公司就可以执行质保金条款。

（3）付款金额

付款金额通常是指合同规定的总额。但在履行合同的过程中，付款金额与合同规定的总额会有不一致的情况。例如，合同中约定分批交货、分批支付，在这种情况下，每批支付的金额只是总额的一部分。还有在履行合同期间，电商公司由于实际需要可能会增加或减少货物的购买量，此时付款金额就应该按照实际的购买量计算。

💡 小 提 示

在履行合同的过程中，付款条款往往和交付条款对应而设，二者会相互影响，电商公司应该仔细核对。

8.2.5　违约条款

违约条款是合同的重要条款，是确保合同顺利履行、补偿守约方损失、惩罚违约方违约行为的重要措施。电商公司和供应商可以在签订合同前对违约条款的具体内容进行协商，并在协商一致后将其写入正式的合同。

如果一方违约，那么另一方可以根据合同的约定要求赔偿。如果一方严重违约，给另一方造成极大的损失，那么违约方很可能还需要承担民事责任。一般来说，违约行为可以分为三种：一是不履行或不完全履行合同的行为；二是给对方造成了损害事实的行为；三是和损害结果之间存在因果关系的行为。

在设置违约条款时，违约责任是比较重要的一项内容。当然，在违约条款中还有一些内容也不可忽视，如图 8-6 所示。

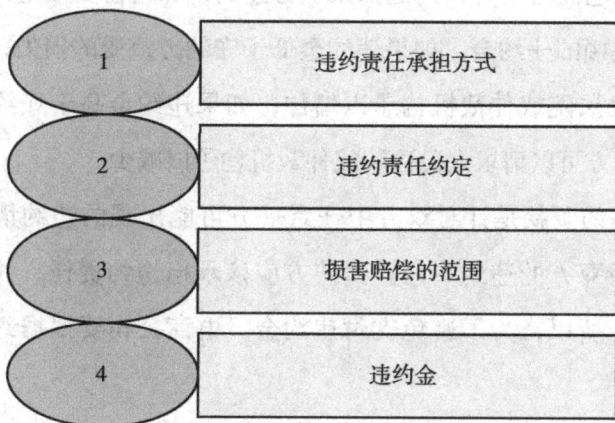

图 8-6　违约条款的内容

（1）违约责任承担方式

如果一方不履行合同或履行合同不符合约定，则应该承担继续履行、采取补救措施、赔偿损失等违约责任。

（2）违约责任约定

违约责任可以在双方协商一致后写入合同，并做出约定。例如，"任何一方违反本合同，导致本合同无法继续履行的，则需要赔偿守约方违约金人民币 ×××万元。该违约金不足以弥补守约方实际损失的，违约方应该赔偿守约方所有的实际损失。"

（3）损害赔偿的范围

如果一方不履行合同或履行合同不符合约定，给对方造成损失，那么赔偿金额应该相当于违约造成的损失，包括合同履行后可以获得的利益。此外，如果供应商在对电商公司提供货物或服务的过程中有欺诈行为，电商公司可以根据《中华人民共和国消费者权益保护法》的相关规定要求供应商承担赔偿责任。

（4）违约金

供应商和电商公司可以约定如果一方违约，那就需要根据违约情况向对方支付一定数额的违约金。如果违约金低于守约方遭受的损失，那么守约方可以请求人民法院或仲裁机构予以增加；如果违约金高于守约方遭受的损失，那么违约方可以请求人民法院或仲裁机构予以减少。

合同的违约条款是针对双方中任意一方可能出现的违约情况进行前期约定，以划清双方的违约责任。违约方应该承担违约责任，并赔偿守约方遭受的损失。所以，为了避免支付违约金，电商公司要根据约定严格履行合同。

💡 小提示

违约条款主要以继续履行、赔偿损失等内容为主，以防范、补救措施等内容为辅。在设置违约条款时，合同双方的利益都应该得到保障。

8.3 电商采购合同中的陷阱

在签订合同时，为了维护自己的合法权益，电商公司应该针对合同履行期间出现的各种情况采取一定的措施。例如，供应商没有在约定的日期内完成交付，即逾期交付如何处理？没有约定售后条款，验收后才发现货物有质量问题怎么办？本节就以这些问题为切入点，详细介绍电商公司维护自己合法权益的具体措施。

8.3.1 没有在约定的日期内完成交付

采购过程中经常会出现这样的情况：供应商临时通知逾期交付，并且给出了各种各样的理由，包括生产线出现问题、原材料无法及时到库、紧急事件需要时间处理等。面对供应商的逾期交付，电商公司可以视情况确定应对策略。例如，如果不是非常紧急的采购任务，供应商要逾期交付，电商公司可以推迟付款。

电商公司属于买方，供应商属于卖方，而消费者是第三方。如果因为供应商的逾期交付导致电商公司无法及时向消费者供货，那就要按照相关规定由供应商承担违约责任。同时，电商公司要向消费者说明情况，并向消费者弥补由于供货推迟造成的损失。

一旦出现供应商逾期交付的问题，电商公司要想维护自己的合法权益，就应该从以下三个方面入手，如图 8-7 所示。

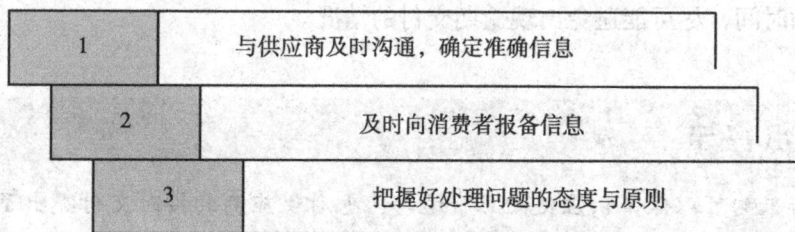

1	与供应商及时沟通，确定准确信息
2	及时向消费者报备信息
3	把握好处理问题的态度与原则

图 8-7 应对供应商逾期交付问题的着手点

（1）与供应商及时沟通，确定准确信息

电商公司应该要求供应商给出确切的交付日期。如果不是很紧急的货物，供应商可以延迟交付，但必须按照规定承担违约责任。如果是以前没有合作过的供应商，电商公司则要考虑是否在本次合作后结束与其继续合作。

（2）及时向消费者报备信息

如果因为供应商逾期交付而无法准时向消费者供货，电商公司就要向消费者解释原因。另外，电商公司还要向消费者表明很珍惜双方的合作关系，并且今后将尽全力避免类似事件的发生。

（3）把握好处理问题的态度与原则

电商公司要做到出现问题不逃避，与供应商积极沟通，共同制定妥善的补救方案。同时，电商公司应该始终严把质量关。

供应商的逾期交付确实会影响电商公司的生产计划。从合同的角度来看，电商公司要维护自己的合法权益，可以按照先前约定的条款对供应商采取措施。此外，电商公司要在出现问题前想到潜在的风险，制定应急预警方案。

电商公司要从日常的供应链管理入手，加强与供应商的合作。在签订合同前，电商公司要对供应商进行审查，确定其货物符合采购标准。在签订合同后，电商公司在采购、跟单、质检、物流等环节都要与供应商及时对接，尽力把控货物的质量和交付时间。在交付方面，电商公司最好在合同中预留充足的时间，尽可能避免出现逾期交付的情况。

💡 **小 提 示**

采购可以保证供应链的正常运转，也对供应商的按时交付提出了要求。所以，电商公司应该在合同和跟单方面有所防范，充分维护自己的合法权益。如果供应商真的要逾期交付，电商公司必须与其进行沟通，争取以最快的速度解决问题。

8.3.2 没有约定售后条款

除了价格和交付等问题，售后其实也非常重要。如果供应商按时将货物运输到合同规定的地点，电商公司也完成了检验，但过一段时间后，电商公司突然发现货物有质量问题，在这种情况下，电商公司应该怎么办呢？

张晓丽是京东一家网店的老板，于 2020 年初向某供应商购买了 200 双女士袜子。在与供应商完成交接并检验合格后，张晓丽开始在网店销售这些袜子。然而没过多长时间，大量买家向她反映袜子的质量特别差，穿几次就会破洞。

于是，张晓丽要求供应商换货。但是，供应商以过了检验期间为由拒绝换货。买家则因为袜子出现质量问题纷纷给张晓丽差评，导致张晓丽的网店出现销售危机。

根据《合同法》第一百五十七条的规定："买受人收到标的物时应当在约定的检验期间内检验。没有约定检验期间的，应当及时检验。"所以，检验是电商公司的权利，也是义务。如果双方已经约定好检验期间，那么电商公司应该在检验期间内对货物进行检验。如果电商公司因为没有及时检验货物而遭受损失，那么很可能需要由自己承担损失。

另外，根据《合同法》第一百五十八条的规定："当事人约定检验期间的，买受人应当在检验期间内将标的物的数量或者质量不符合约定的情形通知出卖人。买受人怠于通知的，视为标的物的数量或者质量符合约定。

当事人没有约定检验期间的，买受人应当在发现或者应当发现标的物的数量或者质量不符合约定的合理期间内通知出卖人。买受人在合理期间内未通知或者自标的物收到之日起两年内未通知出卖人的，视为标的物的数量或者质量符合约定，但对标的物有质量保证期的，适用质量保证期，不适用该两年的规定。

出卖人知道或者应当知道提供的标的物不符合约定的，买受人不受前两款规定的通知时间的限制。"

在上述案例中，张晓丽在袜子的检验期间内未发现问题，也未提出有效证据证明破洞不是买家人为造成的，所以供应商确实有权拒绝换货。作为老板，张晓丽当然不希望因为过了检验期间才发现袜子有质量问题而无法维护自己的权益，这也提示我们一定要在合同中注明检验期间。

另外，因为有些货物本身存在较隐蔽的质量问题，很可能无法在检验期间发现，所以电商公司要注意货物的检验环节，不要轻易在检验报告上签字。

> 💡 **小提示**
>
> 电商公司要在问题出现前就想好应对策略，例如，在检验期间认真检验货物、在合同中规定货物的质量标准等。对于电商公司来说，从预防入手才可以真正维护自己的合法权益，避免一些不必要的麻烦。

8.4　什么样的电商采购合同真实有效

在合同的真实性和有效性方面，电商公司很容易陷入一些误区。例如，签字、盖章与合同是否具备法律效力有没有直接关系，和离职人员签订的合同是否有效，没有签字权的人的签字是否有效。对于电商公司来说，签字、盖章属于合同的一部分，必须引起足够的重视。与此同时，电商公司也应该关注与合同的法律效力相关的问题。

8.4.1　签字后，电商采购合同如何生效

在合同上签字是供应商和电商公司对合同无异议的表达方式，也是合同

产生效力的实质性标准。这也就意味着如果不考虑其他情况，双方在协商一致的合同上签字后，该合同即对双方产生了法律约束力。

那么，只要双方签了字，合同就会生效吗？答案是不一定。例如，如果合同中存在明显的欺诈行为，而电商公司在不知情的情况下签了字，那么该合同的法律效力就值得商榷。还有一些合同必须由双方按手印后才生效。对于这些合同，如果只有签字，但没有手印，那么也不具备法律效力。

以上只是为大家简单介绍签字与合同的法律效力之间的关系。那么，为了让合同生效，我们在签字方面还需要注意哪些细节性问题呢？如图8-8所示。

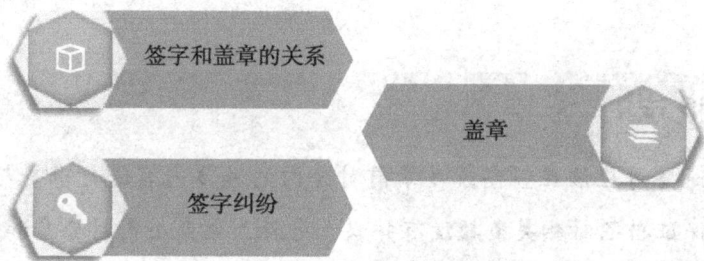

图8-8 签字方面的细节性问题

（1）签字和盖章的关系

一般来说，只要有签字和盖章中的一个，合同就具备法律效力。但有时为了保护自身利益，电商公司也可以要求供应商必须同时签字和盖章，合同才可以生效。另外，当事人也要同时是签字和盖章的主体，否则很可能会影响合同的履行。

（2）盖章

正规的供应商通常会有这几种章：行政章、财务章、合同专用章、业务专用章、部门专用章等。不同的章有不同的作用，签订合同只能使用公章或合同专用章。在签订合同时，双方通常会在合同的落款处盖章，有时还会加盖骑缝章或在骑缝处签名。另外，为了谨慎起见，双方也可以在合同的每一页上签字和盖章。

（3）签字纠纷

由签字引发的纠纷其实比较常见。例如，电商公司认为自己没有签字，而供应商持有的合同显示有电商公司代表人员的签字，这时就需要对签字进行鉴定。虽然签字可以被模仿，但在大部分情况下可以由专业的鉴定机构判断其真实性和有效性。

在合同上签字最好使用蓝色或黑色的墨水，这样更容易分辨合同是否为原件。如果使用碳素墨水签字，会导致原件与复印件难以分辨，进而带来一系列麻烦。

💡 小 提 示

电商公司应该在签字或盖章前对合同的具体内容进行审查与确认，同时要保证自己对相关条款没有异议。另外，电商公司对公章和合同专用章要实行严格的管理制度，以免发生私自盖章的情况。

8.4.2　没有签字，电商采购合同是否无效

一般来说，如果合同上没有签字和盖章，那么该合同就不具备法律效力。不过，《合同法》第三十七条也规定了例外情形："采用合同书形式订立合同，在签字或者盖章之前，当事人一方已经履行主要义务，对方接受的，该合同成立。"该规定在很大程度上避免了因为形式要件的欠缺而影响合同的法律效力，可以维护双方的利益。

这里需要注意的是，判断没有签字或者盖章的合同是否有效，应该具体问题具体分析。笔者从以下几种情况进行说明：

（1）当只有一方在合同上签字或者盖章时，如果一方（不论是否是签字或者盖章的一方）履行了合同的主要义务并且被对方接受，则该合同成立；

（2）当只有一方在合同上签字或者盖章时，如果一方（不论是否是签字或者盖章的一方）履行了合同的主要义务，但不被对方接受，则该合同不成立；

（3）当只有一方在合同上签字或者盖章时，如果双方均未履行合同的主要义务，则该合同不成立；

（4）当双方均未在合同上签字或者盖章时，如果一方已经履行了主要义务，而且被对方接受，则该合同成立；

（5）当双方均未在合同上签字或者盖章时，如果一方已经履行了主要义务，但不被对方接受，则该合同不成立；

（6）当双方均未在合同上签字或者盖章时，如果双方均未履行合同的主要义务，则该合同不成立。

从以上情况看，是否有签字或者盖章与合同本身是否成立及是否具备法律效力存在一定的关系。签字、盖章对于合同及双方的意义不言而喻。一般来说，如果没有双方的签字或者盖章，那么自然无法确认他们已经对合同的内容协商一致，也就不能证明合同具备法律效力。

电商公司需要在签字或者盖章前仔细查看合同上的各项条款，确定信息的真实性、有效性和可执行性。如果供应商以未签字或者盖章为由拒绝履行合同，那么电商公司就可以按照"未签字或者盖章的但具有效力的合同"向其提出相关要求。

💡 小提示

为了避免不必要的纠纷，电商公司要认真对待签字或盖章，最好与供应商进行深入交流。

8.4.3　离职人员签的电商采购合同是否有效

与供应商已签订合同，但负责人在签订合同后离职，该合同还有效吗？一般来说，如果负责人是代表供应商签字或盖章，那么即使他（她）已经离职，签订好的合同仍然有效，双方还是要继续履行。当然，如果合同中有"离职失效"等内容，则要另外看待。

张伟在京东开了一家网店，主要销售摄影器材。某天，他向供应商购买了一批全新的摄影器材，该供应商全权委托小叶负责相关事宜，其中就包括签订合同。因此，在合同上签字的是小叶，盖的则是供应商的合同专用章。

然而，没想到的是一个半月后，小叶离职了，不再是供应商的员工。但作为采购的一方，张伟在供应商交付第一批摄影器材时就已经支付了一笔货款。之后，张伟又按照合同的约定分批支付了剩余的货款。也就是说，张伟严格履行了自己的义务。

但供应商却以当初的代理人小叶已经离职为由，不想继续与张伟合作。于是，张伟立刻向供应商表示，希望他们可以继续履行合同或承担赔偿责任。因为张伟与小叶签订的是有效的合同，而且小叶在签订合同时已经得到了供应商的全权代理，这让张伟有理由相信小叶的行为可以代表供应商。所以，小叶签字的合同并没有违反法律法规，应该认定为有效。

从法律的角度来看，小叶与供应商之间的代理行为被称为表见代理。在表见代理下，代理人可以直接产生代理效果，而且无须被代理人追认。《合同法》第四十九条规定："行为人没有代理权、超越代理权或者代理权终止后以被代理人名义订立合同，相对人有理由相信行为人有代理权的，该代理行为有效。"

所以，如果签订合同的代理人提供了合同及公章，那么电商公司完全有理由相信他（她）有代理权，这是典型的表见代理。而且，即使代理人离职了，之前由他（她）签订的合同依然有效，但前提是合同上要有签字或盖章。

8.4.4　没有签字权的人的签字是否有效

　　没有签字权的人的签字是否有效？要回答这个问题，应该先对签字权进行确认。那么，什么样的人有签字权，可以在合同上签字呢？主要是以下两类人。

　　（1）法人或得到授权的人。这里需要注意的是，得到授权的人必须持有已经盖章的授权委托书原件，授权委托书上的授权应该明确且具体，包括授权的时间、对象等。未经授权的人签订的合同不具备法律效力，无法对双方产生约束力。

　　（2）自然人，包括本人或代理人。其中，代理人需要持有经本人亲笔签名的授权委托书原件，授权委托书上的授权应该明确且具体。

　　无论签字者是法人、被授权人还是自然人，都必须具有一定的能力。对此，《合同法》第九条规定："当事人订立合同，应当具有相应的民事权利能力和民事行为能力。"所以，电商公司必须让拥有签字权且具备能力和主体资格的人在合同上签字。

　　当然，与没有签字权的人签订的合同是否有效，要根据实际的执行情况确定。例如，供应商在合同中只盖了合同专用章，同时让没有获得真正授权的代理人签了字，而电商公司已经签字和盖章，并且收到了供应商发来的货物。这时，该合同也可以被认定有效，因为双方已经履行了自己的义务。

> 💡 **小提示**
>
> 　　如果电商公司和供应商已经协商好相关事项并草拟合同，但没有让正确的人签字，那么该合同是不具备法律效力的。因此，在签订合同前，电商公司需要对签字者的签字权进行判断，以防出现合同无效的情况。

第9章

物流管理：把握好产品的移动过程

////////////

物流管理是采购管理的重要内容，无论是从供应商那里采购货物，还是将产品送到消费者手中，都需要物流。物流的安全性、时效性会直接影响供应链的效率，一旦物流出现问题，供应链也会受到影响。因此，电商公司必须做好物流管理，选择靠谱的物流公司，在提升发货速度的同时顺利解决物流问题。

9.1　选择靠谱的物流公司

选择靠谱的物流公司是做好物流管理的第一步。目前，我国有哪些物流公司？这些物流公司的服务和价格都处于什么状态？电商平台的自有快递怎么样？本节将为读者一一解答这些问题。

9.1.1　物流公司汇总：顺丰、邮政EMS、圆通、韵达等

目前，我国主流的物流公司有数十家，加上一些区域性的物流公司，电商公司的选择有很多。电商公司在选择靠谱的物流公司前，首先要弄清楚有哪些物流公司，其服务和价格都有哪些优势和特色。下面来盘点我国比较知名的物流公司，并进行简要的对比。

（1）顺丰

优势：提供全年365（366）天无休服务，增值服务覆盖范围广泛，时效性最强，坏件／丢件率低，支付结算及经营方式灵活，属于民营物流公司中的"领头羊"。

不足：费用比较高，走中高端路线，所以快递点相对少一些。

适用范围：贵重物品、急件、重要纸质信件或文件、节假日发货等。

（2）邮政 EMS

优势：快递点多，遍布全国，全年无休，可靠性和安全性比较高。

不足：保费高，速度相对慢一些。

适用范围：节假日寄件、重要纸质信件等。

（3）圆通

优势：快递点覆盖比较广，服务好，速度快。

不足：汽车运输相对比较慢，各分公司独立，员工素质不均衡。

适用范围：网店寄件与发货。

（4）韵达

优势：价格适中，一般 3~4 天就可以收货。

不足：快递点有限。

适用范围：网店寄件与发货。

除了以上物流公司之外，我国还有中通、申通、汇通、天天、宅急送、速尔等物流公司。各物流公司都有自己的特色，彼此竞争比较激烈。目前，各物流公司都在努力提高自己的服务水平和整体实力。

> ### 小提示
>
> 电商公司可以根据实际情况就近选择合适的物流公司。为了降低采购成本，电商公司也可以与供应商协商，要求供应商用自己选择的物流公司发货。当然，不同的货物要选择不同的物流公司，例如，比较紧急的货物最好使用顺丰。另外，电商公司可以与物流公司达成合作协议，以较低的运费为消费者发货。

9.1.2 选择要素：服务和价格

结合 9.1.1 节的内容可以看出，电商公司需要根据自己的实际情况选择物流公司。例如，急件、普通件可以选择不同的物流公司，当然价格也会不同。综合来看，电商公司应该选择服务态度良好、价格公正的物流公司。

这里的服务态度不只是发货端工作人员的服务态度，还要选择整体服务态度比较好的物流公司。因为同一家物流公司，不同的快递点或站点的工作人员也是不同的，如果买家在收货时遇到的工作人员服务态度恶劣，很可能会影响买家对产品的评价。

在价格方面，多数物流公司都是明码标价，对货物的运输距离、重量及保费等都有明确的规定，电商公司可以直接向当地的物流公司询价。

除了服务和价格以外，电商公司还要考虑其他因素，包括快递点与仓库之间的距离、是否上门取货等。如果是大批量发货，电商公司要向物流公司申请特殊优惠，合理规划物流成本。

💡 小提示

电商公司不能为了省钱就和价格特别低的物流公司合作，因为在市场经济的条件下还是要相信"一分钱一分货"的道理。如果货物被弄丢、弄坏，投递速度慢，电商公司很容易收到投诉或差评。此外，如果供应商选择了不靠谱的物流公司，导致电商公司没有准时收货，那也是不好的行为，会影响买家的评价。

9.1.3 善用电商平台的自有快递

在各大物流公司争夺市场的同时，很多电商平台也开始布局物流网络。以淘宝为例，其旗下就有菜鸟网络。对于电商公司来说，除了选择第三方物流公司以外，还可以使用菜鸟网络等电商平台的自有快递。

菜鸟网络不是自己安排工作人员送货，而是以数据化和信息化的方式整合物流的各个环节并进行分解，最后将业务外包给物流公司。菜鸟网络以公开招标等方式促进物流公司之间的公平竞争，引导物流公司向专业化的方向发展。

借助电商平台的自有快递，电商公司可以选择发货功能，系统会显示有哪些物流公司可以送到买家指定的收货地址。电商平台自有快递的价格一般都比较透明、公开。当然，电商公司可以提前了解其他物流公司的价格，选择适合自己的物流公司。

电商公司在刚开始时除非采购量或发货量很多，否则不要急于和物流公司谈合作，而是和各物流公司短暂合作一段时间，判断到底哪一家更适合自己。当然，对于电商平台的自有快递，电商公司也要谨慎使用，必须考虑自身的实际情况。

小提示

菜鸟网络的本质是构建社会化的物流体系，对众多物流公司进行整合，以提高物流效率。当然，菜鸟网络也为电商公司提供了更丰富、快捷的物流服务。

9.2 发货速度提升策略

电商公司在选择物流公司后，就要在发货速度方面下功夫。从买家下单到产品送到买家手上，时间短、效率高是双方都愿意看到的局面。所以，电商公司要重点关注发货速度。那么，哪些策略可以提升发货速度呢？

9.2.1 物流公司区域化

物流公司区域化有利于提升电商公司的收货速度和发货速度。因为区域化物流公司的物流网络比较健全，派送机制和快递点也比较多，可以有效保证运输效率。

另外，电商公司可以选择自己区域内或供应商区域内比较好的物流公司，这些物流公司的快递点比较多，即使一些偏远的地方也能够送达。一般来说，无论是供应商还是电商公司，都会有自己长期合作的物流公司。

很多买家会将物流公司的服务质量体现在对产品的评价中，如果物流公司确实有损害双方的合法利益之处，电商公司就要进行投诉，依法解决问题，并考虑更换物流公司。即使这家物流公司距离供应商或电商公司的仓库很近，也要停止合作，这样才可以降低损失。

小 提 示

如果电商公司已经非常尽力，却因为物流公司运输不及时，导致供应商没有及时发货，买家没有及时收货，就会影响自身的信誉和形象，得不偿失。因此，电商公司一定要谨慎选择物流公司。

9.2.2　网店如何实现24小时内发货

很多买家在电商平台上消费都希望可以早点收货。现在，所有的电商平台都有订单跟踪功能，如果订单是当天发送，那么买家知道后会有一种被重视的感觉。

如果买家买一件产品，等了两天还没有跟踪到发货信息，那么肯定会对卖家有不好的印象。对于卖家来说，这样的后果不仅是得到一个差评，还会失去很多潜在的买家。可见，让买家感受到诚意是卖家为自己做的无形推销。

现在，"双十一"已经成为国民消费日，很多消费者都瞄准这一天，准备进行一次集中购物。当天，很多卖家除了比拼价格以外，还会面临惊人的流量高峰和订单高峰。因此，货物运输和配送环节就成为非常严峻的挑战。

"双十一"当天，来自上海的郭女士在某网店购买了十几本书，结果第二天上午 9：21 分就已经发货了。对此，她感到很惊讶，便和自己的老公说："'双十一'的订单量这么大，原本以为过几天才能发货，没想到今天就发货了，真是一个大惊喜！"

感到出乎意料的还有深圳的张先生，他也是"双十一"当天在这家网店下的单，同样在第二天就收到了发货信息。其实，在"双十一"期间，除了让郭女士和张先生感到意外之外，还有很多买家也是很快就收到了这家网店的发货信息。

看到这家网店的物流如此迅速，买家会产生更大的好感。以后买家再买东西时，肯定会先考虑到这家网店"逛一逛"。其他网店也应该向这家网店学习，不断提升自己的发货速度，争取实现 24 小时内发货。那么，网店具体应该如何做呢？

（1）抢占物流空转期

要想顺利应对订单高峰，抢占物流空转期是不错的方法。例如，很多网店都会在"双十一"当天和次日进行订单备货积压，实际发货一般会在 13 日甚至 14 日后，这就造成很多物流公司在"双十一"当天和次日出现了空转期。为了利用这个空转期，网店可以将部分订单交给圆通、宅急送、全峰等物流公司，让自己的产品快速送到买家手中。

（2）与物流公司广泛合作

如果出货量很大，网店就应该多找几家优质的物流公司合作。对于网店来说，无论是在"双十一"期间，还是在日常的发货中，都要提前和物流公司打招呼，让其在规定的时间内出现在发货地点，这样能提高发货效率。

（3）增加发货人员

为了实现当天发货的目标，网店可以多配备一些发货人员，这样也可以让买家早日拿到产品。例如，某网店在"双十一"期间雇用了几名兼职人员，支援仓储中心，负责拣货和出库等工作，以便提高发货速度。

> ☀️ 小提示
>
> 网店可以让电商平台为自己提供代运营服务。例如，与京东、当当等电商平台合作，签订合同，支付相应的基础服务费及提成服务费用。电商平台会根据网店的现状采取不同的运营手段，使网店健康运转并不断壮大。如果条件允许，网店可以采取这种模式，这样就不必担心物流和发货等问题。

9.3　电商面临的 4 个物流问题

很多电商公司可能都遇到过物流问题，包括物流慢对自己有什么影响、如何定义发货时间、确认收货与到款时间是什么关系、怎样压低快递价格。对于这些物流问题，电商公司要及时识别并制定相应的解决方案，以加强自身的物流管理。

9.3.1　物流慢对电商公司有什么影响

物流慢对电商公司有影响吗？答案是肯定的。这里的物流慢涉及两个方面：一个是发货时间，另一个是到货时间。前者的主要决定因素是电商公司和供应商，后者的主要决定因素则是物流公司。这也在一定程度上体现了物流公司的重要性。

买家下单后，货物出仓速度快，物流公司揽件速度快，自然会提升买家的消费体验，反之则会因为物流慢而让电商公司收到买家的中评甚至差评。为了提高物流速度，电商公司可以利用电商平台的一些工具。

例如，淘宝为电商公司提供电子面单，只需要一键智能填写便可以快速下单。此外，电商公司还可以付费开通菜鸟打印组件。该打印组件功能强大，兼容性比较好，非常有助于提高物流效率。

💡 小 提 示

为了让物流更快一些，电商公司应该掌握发货速度提升策略，并充分利用电商平台的工具。

9.3.2　如何定义发货时间

发货时间是指买家付款成功到物流公司揽件成功之间的时间。当买家付款成功后，电商公司就会开始打包、发货、通知物流公司进行揽件与运输。发货时间越快，越有利于提高电商公司在电商平台上的评分，也越容易获得买家的青睐。

要想缩短发货时间，电商公司需要结合自身的情况进行合理优化，整合仓储资源和物流信息，争取在买家付款成功后第一时间准备并完成发货。

一些电商平台对发货时间有相关规定。以淘宝为例，在买家付款后，除了定制、预售及适用特定运输方式的产品以外，普通产品如未设置发货时间，需要在 3 天内发货；已经设置发货时间的，要根据设置的发货时间发货；活动产品需要根据活动要求发货。

电商公司不可以无故延迟发货。如果遇到重大节假日，物流公司的业务量增大，发货及揽件时间有所延长，那么电商公司必须如实向买家告知相关情况。

9.3.3　确认收货与到款时间的关系

买家迟迟不确认收货，会影响到款时间吗？答案是不会。到货时间是指产品送达买家手中的时间，也就是买家签收的时间。如果买家已经确认收货，电商平台会自动将货款打到电商公司的账户上。这可以分为以下两种情况。

（1）虚拟产品

虚拟产品包括自动充值产品、自动发货产品、虚拟货物。关于自动充值产品，当买家完成付款后，电商平台会马上自动确认收货并打款；关于自动发货产品，自已发货状态起 24 小时后，电商平台会自动确认收货并打款；关于虚拟货物，自已发货状态起 3 天后，电商平台会自动确认收货并打款。

（2）实物产品

实物产品的运输方式为快递，如顺丰、邮政 EMS 等。关于实物产品，电商平台会给买家 7 天的确认收货时间。如果买家在收到货后仍然迟迟不确认收货，电商平台会在到期后将货款自动汇入电商公司的账户。

💡 小提示

确认收货与到款时间的关系虽然比较重要，但电商公司也不必过于纠结。因为电商平台作为第三方，除了保护买家的利益以外，也会保护电商公司的利益。

9.3.4　压低快递价格的6种方法

几乎每家物流公司的快递价格都有一定的灵活度，并不是固定不变的。因此，对于电商公司来说，快递价格还是有商量余地的。那么，电商公司应该通过什么样的方式压低快递价格呢？可以使用的技巧如图 9-1 所示。

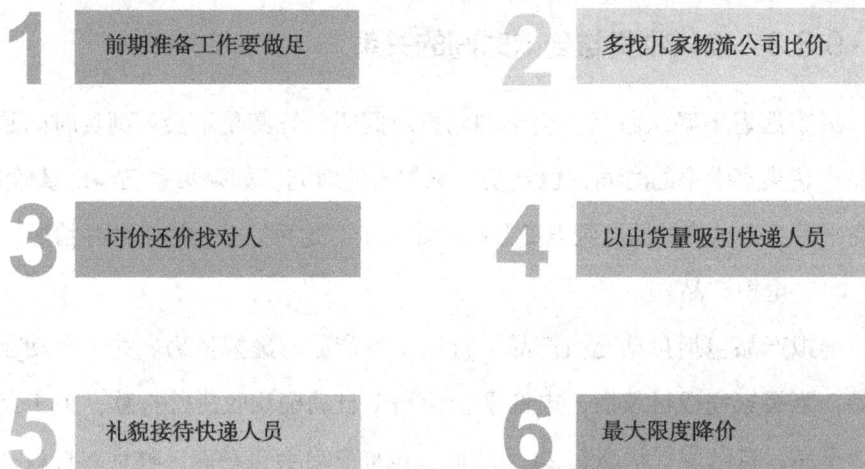

图 9-1　压低快递价格的技巧

（1）前期准备工作要做足

如果你不知道当地哪些物流公司的服务质量好、快递价格低，就可以先在网上搜索资料，并与物流公司运营者沟通和学习，彼此成为朋友。这样不仅可以打听到一些信息，最重要的是还能积累丰富的经验，促进自身发展。

（2）多找几家物流公司比价

每个城市都有很多物流公司，各家物流公司的快递价格和服务质量也是千差万别的。所以，电商公司要多找几家物流公司比价，最终选择最适合的一家。

（3）讨价还价找对人

电商公司要想谈判，千万不要找接电话的前台工作人员，因为他们并不负责这方面的工作，只会按照规定介绍快递价格，其他问题一概不回答。既然要谈判，就必须找负责人或快递人员。例如，每家物流公司在每个小区或街道都会安排固定的快递人员，快递价格通常由他们说了算。电商公司在与快递人员电话联系时，除了告知发几件货和仓库的详细地址以外，不要谈快递价格，因为最好与快递人员面对面谈判快递价格。

（4）以出货量吸引快递人员

快递人员的业绩和工资都是按照收货量计算的，如果电商公司的出货量比较大，每次都有很多货要发，快递人员就会愿意降低快递价格。所以，要想与快递人员讨价还价，就要让他们感觉到有利可图。一些电商公司的出货量可能不会太大，此时就可以选择一些热销的产品，以低廉的价格团购出去。这样订单会很多，到时统一发货，出货量自然就上来了。这是打动快递人员的很不错的方法。

（5）礼貌接待快递人员

快递人员来到仓库后要以礼相待，不论对方长相、谈吐如何，都要像对待宾朋一样热情地道一声：辛苦了。快递人员看到自己被如此热情地对待，自然会心生好感，甚至还会有些感激，到讲价时也不至于太严格。

（6）最大限度降价

电商公司在向快递人员要快递单时，不妨假装地问一句："你们的快递价格是 6 元还是 7 元（假设 7 元是你调查的最低的快递价格）？"快递人员在听到这样的话后肯定会想，对方是行家，不能把价格说得太高。

当然，有经验的快递人员可能会表示没有这样的价格，然后说一大堆套话。此时，你要记住，尽管快递人员说得天花乱坠，也不要随便相信，而是应该对他（她）说："我以前一直从 ×× 快递发货，对方给出的价格就很低。

最近朋友向我介绍你们，说你们的服务好、速度快。现在我也不砍价，和××快递的价格一样就可以。而且，我的出货量很大，你们可以薄利多销。"听到这番话，快递人员给出的价格可能就不会太高。

💡 小提示

只要掌握了以上技巧，压低快递价格对于电商公司来说就不是难事。电商公司可以综合使用以上技巧，以取得更好的效果。

第 10 章

仓储管理：互联网时代的新型仓储模式

////////////

　　在采购的过程中，仓储管理非常重要，目的是保证货物、产品的安全。本章从仓储空间、仓库布局等环节入手，向读者介绍如何做好仓储管理。在具体操作上，仓储管理涉及仓库选址、仓库管理员职责、仓储管理系统等多个方面。电商公司需要对这些方面了如指掌，以打造互联网时代的新型仓储模式。

10.1　规范仓储空间

在仓储管理阶段，规范仓储空间是非常重要的环节。如果仓储空间混乱，就会导致拣货的效率降低，出现库存充足却找不到货物的现象。

对于电商公司来说，实现了仓储空间的规范还不够，要想从货架上迅速找到所需的产品，还应该编写 SKU 信息（Stock Keeping Unit，产品的唯一标示符，在服装、鞋类等产品中使用最多。例如，纺织品中 SKU 信息通常表示规格、颜色、款式等），这是电商公司必须做好的一项工作。

10.1.1　区段式编号

区段式编号就是把仓库划分成几个区段，再对每个区段进行编号。这种方式是以区段为单位，让每个编号代表一个存储货物的区段。相比其他仓储方式，区段式编号更适用于布局简单、没有货架的仓库。面对这样的仓库，电商公司可以为存储货物的区段设置一 1、一 2、一 3、二 1、二 2 等若干编号。

-🔆- 小 提 示

区段式编号是以区段为单位，每个编号代表的仓储面积通常会很大，因此比较适合单位化的产品，以及规模大或保管周期短的产品。

10.1.2 合理划分品项群

划分品项群就是对相关性较强的产品进行筛选、集合后，分成几个品项群，然后对每个品项群进行编号。相比其他仓储方式，这种仓储方式更适用于比较容易保管的产品，以及价格差距大的产品。

💡 **小提示**

如果电商公司以销售服装、五金等产品为主，就可以使用划分品项群的仓储方式，有效提升仓储管理的效果。

10.1.3 按照地址编号

按照地址编号是对库房、区段、排、行、层、格等进行划分。电商公司可以采用四组数字表示产品所在的位置，这四组数字分别代表库房的编号、货架的编号、货架层数的编号及每个货架中格的编号。

以编号 2-13-1-7 为例，这表示产品的位置是 2 号库房、第 13 个货架、第 1 层中的第 7 格，电商公司就可以根据编号快速地找到某种产品的具体位置。

💡 **小提示**

区段式编号、划分品项群、按照地址编号三种仓储方式经常被用到。实际上，每种仓储方式之间并不是相互独立的，电商公司可以根据实际情况结合使用。

10.1.4 明确产品的SKU信息

在仓库中给产品编写 SKU 信息可以帮助电商公司提高效率，电商公司在实际操作时要根据 SKU 信息的编写方法对产品进行有序管理。SKU 信息的基本属性是不可重复。为了更好地规范仓储空间，电商公司最好根据产品的属性按照由大到小的组合方式编写 SKU 信息，示例如下。

AAAA   BBBB   CCCC   DDDD   EEEE   FFFF
（大分类 中分类 小分类   品名   规格   样式）

上面的内容只是一个编写 SKU 信息的示例，在实际情况中，电商公司可以根据产品的特点及管理方面的需要设置不同的属性组合。不管采用哪些属性组合，其中的顺序和类别必须一致，以免出现不必要的混乱。

在编写 SKU 信息的过程中可能会出现重复发布或重复上架的产品，还可能会出现同一种产品被多次发布的情况。电商公司可以通过平台统一对原始的 SKU 信息添加前缀或后缀，以这样的方式对产品加以区分。

例如，原始的 SKU 信息为 123，在重复发布时就可以在相对应的平台上设置 A-123、B-123、C-123，或 123-A、123-B、123-C，然后在同一类订单管理系统中设置相对应的前缀分隔符或后缀分隔符。在设置完成后，系统会自动从平台抓取带有前缀分隔符或后缀分隔符的 SKU 信息，进而实现高效的仓储管理。

此外，电商公司应该按照产品的价格和尺寸编写 SKU 信息，这种做法是对拣货正确率的二次保证。通过检索 SKU 信息，电商公司可以了解产品的价格和尺寸，对产品进行二次检验，以免提货出错，为买家造成不必要的损失。明确产品的尺寸可以减少由于尺寸问题造成的相邻产品之间存在不合适的间隙，以便严丝合缝地按照尺寸将产品码放整齐，减少不必要的空间浪费。

⌬ 小提示

在仓储管理上，给产品编写 SKU 信息的程序比较复杂。对于流通率比较低、需要长时间保管且生命周期比较长的产品来说，这种仓储方式非常适用。

10.2 最优的仓库布局方案

仓库设在哪里比较合适？由哪些区域组成？什么样的人可以做仓库管理员？仓库管理员的职责是什么？这些都是电商公司在制定仓库布局方案时需要重点思考的问题。只有做到由物到人，对仓库进行全方位规划，才可以进一步加强仓储管理。

10.2.1 如何为仓库选址

到底什么地方适合做仓库呢？这就涉及仓库选址的问题。如今，仓库已经变为集机械化存取设施、输送管道、消防设备等于一体的现代化仓储空间。电商公司要分阶段地分析仓库选址的问题：第一阶段是前期的分析与调研；第二阶段是初步确定与评估。这两个阶段覆盖仓库选址的主要环节。

接下来，笔者从这两个阶段入手，介绍应该如何为仓库选址。

（1）分析与调研

①需求分析

仓库是用来做什么的？储存哪些产品？需要什么样的设备？这些都是对仓库本身的需求分析。产品总量、预估最大容量、运输线路的最大作业量都会对选址产生影响，电商公司需要以此为基础进行实际操作。

②费用分析

建设仓库需要的费用包括运输费用、配送费用、仓储费用、土地使用费用及人工费用等。另外，运输设备、装卸机械等都会产生费用。所以，电商公司需要对仓库的费用进行合理预测，在预算范围内进行成本分析。

③可行性分析

仓库的地理位置有哪些优势？道路通畅情况如何？是否有法律约束？地价情况如何？这些都是可行性分析的内容，与其相对应的重点还有限制性因素。

（2）初步确定与评估

通过调研与分析，电商公司对仓库的地理位置已经有了初步打算。例如，综合各项因素确定了 3 个比较不错的地理位置。接下来，电商公司就要对这 3 个地理位置进行评估。那么，有哪些评估方法呢？

①权重分析法

权重分析法是将影响选址的各项因素按照权重进行打分，通过打分结果评估选址的优劣。其好处是不会忽略影响选址的关键点。

②成本分析法

每一个选址方案都有固定成本和非固定成本，还有投入和收入也会因为仓储量的变化而变化。成本分析法就是对固定成本、非固定成本、投入、收入的比例关系进行综合评估，以找出最佳选址方案。

此外，电商公司还应该掌握选址的原则。为仓库选址有以下三项原则。

（1）战略性原则

选址要和国家政策、长远发展、可持续发展相结合，确保眼前利益服从长远利益，用发展的眼光看问题。

（2）协调性原则

电商公司应该将仓库看作一个整体，里面的设施和设备、功能分区、物流作业等各个要素之间要相互协调。

（3）经济性原则

电商公司要尽可能将仓库的费用降到最低，从建设和维护两个层面综合考量选址的成本。

☆ 小 提 示

　　仓库的地理位置要有利于电商公司的采购与生产，保证产品的存储安全。选址问题可能很难找到最好的解决方案，因为影响选址的要素之间也是相互影响甚至相互制约的，电商公司只能在有限的范围内为仓库选择最合适的地理位置。

10.2.2　仓库的6大区域

货物进入仓库后需要合理摆放，才可以保证取用时更方便、快捷。那么，货物到底应该如何摆放才合理呢？在回答这个问题前，首先要了解仓库的区域分配。因为这会直接影响空间的利用，以及货物的摆放与取用，甚至可以减少运输货物的出错率，缩短运输货物的周期。

一般来说，仓库主要有 6 大区域，分别为货物储备区、备料区、收料区、收料与送料通道、办公区及设备放置区。其中，货物储备区放置储存货物的货架与卡板；备料区放置根据生产计划预备的货物；收料区一般放置剩余货物，比备料区略大；收料与送料通道是专门运输货物的通道；办公区是仓库管理员进行货物进出登记的场地；设备放置区则是放置货物运输车及消防设备的场地。

以上就是仓库的区域分配。当然，有些仓库出于实际作业的需要可能不是按照以上区域分配。但无论如何，仓库的区域分配会直接影响货物的摆放。电商公司在对仓库的区域进行分配时，要考虑货物的规格及货架的情况。

另外，为了让各区域的空间不被浪费，货物的摆放还需要遵循一定的原则。

第一，高效取用原则。货物的摆放必须遵循高效取用原则。例如，为了方便，可以把一些重要、取用频率高的货物摆放在比较显眼的地方。

第二，充分利用原则。充分利用空间，用叉车将货物摆放到货架的中上层，以减少单位面积成本。

第三，顺畅原则。保证各个区域通道顺畅，工作人员不扎堆，货物摆放有序。

原材料、配件、半成品、成品等货物最好按照类别摆放。例如，将货物在空间和时间上区分开，便于快速查找。体积比较大的货物要尽可能安排在货架的下层，体积比较小的货物则适合摆放在货架的中上层，这样有利于保证仓库管理员的安全。电商公司还要做好货物的保管工作，注意防霉、防虫、防潮、防火等问题。

货物的摆放要遵循前面提到的原则，这些原则都是为了帮助电商公司加强仓储管理，争取达成装卸次数最少、搬运距离最短、搬运环节最少的目标。此外，电商公司在摆放货物时，要秉承让仓库管理员和相关设备少走甚至不走回头路的原则。

💡 小提示

不同的货物对温度、湿度、清洁度等保管要求往往不同，最好分开摆放。如何摆放货物是一个需要根据多种因素进行综合考量的问题。对于这个问题，不仅仓库管理员需要认真对待，其他工作人员也应该积极献计献策。

10.2.3　选择合适的仓库管理员

仓库管理员是有效管理货物的人。在仓储管理中，货物和仓库管理员是必不可少的两大核心要素。其中，货物是仓储管理的对象，仓库管理员则是仓储管理的执行者。

仓库管理员的岗位看似简单，实际上也需要有很强的综合素质才可以胜任。仓库管理员的工作内容是货物的收、发、存，他们必须严格执行每个环节，而且要保证每个环节都清晰、可追溯。在不同的电商公司中，仓库管理员会有不同的表现。

第一家电商公司在 3 个月内换了 4 个仓库管理员。新的仓库管理员到岗后基本无从下手，仓库的账本与货物更是十分混乱。另外，以前的仓库管理员在辞职时几乎没有任何交接环节，使新的仓库管理员面临很多障碍。

第二家电商公司的仓库管理员记账清晰，汇报也非常及时，但工作效率不高，往往当天的工作要加班 2 个小时才可以完成。不过，该仓库管理员对工作比较负责。

第三家电商公司的仓库管理员工作积极性非常高，领导安排的任务都能按时完成，货物保管和账单记录也做得比较好。不过，他本人比较执拗，不愿意听取其他同事的意见和建议。除了仓库管理员的岗位以外，他还兼职叉车司机和清洁工。

通过三家电商公司的仓库管理员的表现可以看出，每个仓库管理员都有不足之处。正所谓"没有最好，只有最合适"，电商公司在选择仓库管理员时要坚持"不求最好，只求最合适"的原则。

那么，电商公司应该如何做呢？想判断一个人是否有做仓库管理员的潜力，可以看他（她）是不是具备以下素质。

（1）业务素质

仓库管理员必须熟悉仓库的运作流程，以及自己要管理的货物，包括货物的理化性质和保管要求等；还需要合理安排与使用仓库内的设备，最好可以熟悉管理与运营等工作的要点。

（2）心理素质

仓库管理员的工作看起来门槛很低，人人都可以做，但其实必须有足够的耐心且细心才可以做好。仓库管理员每天都要和货物打交道，工资又较低，如果没有一定的心理素质，很可能坚持不下去，最终选择离职。从心理素质上看，仓库管理员需要耐得住寂寞，踏实、肯干、负责任。

（3）内在素质

与胆汁质和多血质的人相比，抑郁质和粘液质的人更适合做仓库管理员。因为抑郁质和粘液质的人比较倾向于做安静且固定的工作，而仓库管理员的工作就是这样的。当然，通过内在素质判断一个人是否适合做仓库管理员并不一定正确，但可以作为参考。

💡 小 提 示

仓库管理员应该有很强的责任心，也需要具备一定的素质。在如何选择合适的人做仓库管理员这个问题上，电商公司需要综合考量各种因素。总之，仓库管理员可以有自己的个性和特点，但对待工作必须认真负责。

10.2.4 仓库管理员的职责

有了合适的仓库管理员后，接下来就是规定仓库管理员的职责。那么，仓库管理员有哪些职责呢？具体可从以下两个方面进行说明，如图 10-1 所示。

（1）基本任务

①及时、准确地维护库存管理系统，确保账、卡、物三者一致；仓库的

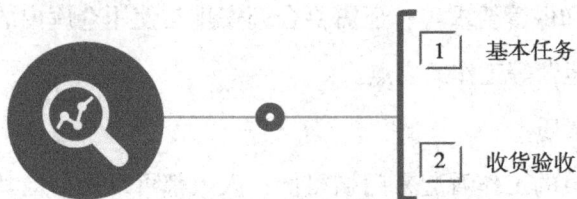

图 10-1　仓库管理员的职责

区域分配合理且明确；货物标识清楚，要有清晰、详细的记录。

②做好货物的收发与保存工作，严格按照流程对货物进行管理，并及时跟踪货物的运输情况，协助财务部门对货物的采购成本与车间的生产成本进行控制和监督。

③与采购部门密切配合，做好货物的调度工作；及时向生产部门反馈货物短缺或过量采购等异常情况。

④对货物管理的有序性、安全性、完整性及有效性负责；对货物实行分区存放管理，确保仓库整齐有序；定期或不定期向采购部门报告货物的滞压情况；按照要求填写并提交"报废货物处理申请表"。

⑤做好各种原始单证的传递、保管、归档工作；负责货物的日常管理，包括货物的分类码放、整理、标识及进出库调度；学习分类管理、合理摆放等知识，保证物流与运输安全。

⑥严格执行货物收发的流程，及时完成货物入库、生产领料、完工入库、销售出库，以及其他类型货物入库出库的开单、收发料和签字等工作。

⑦根据实际库存、库存控制指标、生产计划、生产配料单填写"货物需求表"，上报采购经理审批后交采购人员组织采购。

（2）收货验收

①仓库管理员需要根据采购订单、供应商送货单、工厂品检确认意见单正确办理出入库手续，保证验收不合格品不入库。所有货物必须先办理入库，各生产部门和车间才可以取用。另外，大宗货物需要填写过磅单以确定

实际重量。

②在货物进入仓库时，仓库管理员需要核对订单，包括采购订单和生产订单。当订单与货物核对无误后再办理入库手续，严禁无订单收货。

③采用合适的方法对进入仓库的货物进行计量、清点。大批量货物可以按照比例拆装抽查，小批量货物则要逐一检查验收。

💡 小提示

　　仓库管理员的职责与管理工作息息相关，是确保货物准确入库、合格验收的重要环节。只有对仓库管理员的职责做出严格规定，仓储管理工作才可以做得更好，进而保证货物存放安全、取用便捷。

10.3　仓储管理系统的应用

如今，随着时代的发展，电商公司在进行仓储管理时需要借助一些自动化工具，如仓储管理系统。此外，鉴于仓库的重要性及强大作用，电商公司需要为其建立完善的防盗体系，以避免货物被随意窃取，造成不必要的损失。

10.3.1　仓储管理系统的操作步骤

仓储管理系统的操作可以分为四个步骤，分别是订单导入、订单分配、打单配货及库存维护。这四个步骤是不可逆的，存在先后顺序关系。

（1）订单导入

当电商公司在电商平台获取订单后，订单将导入仓储管理系统，电商公司就可以根据订单的要求进行后续工作。

（2）订单分配

根据市面上主流的物流渠道，通过买家自定义的分配规则，订单会自动根据相应的规则分配给仓库进行分拣、配货等工作。

（3）打单配货

根据分配规则，仓储管理系统会自动获取物流信息并生成面单、快递号。与此同时，捡货信息也与面单同步打印。对于简单的包裹，即一个订单只包含一件产品的包裹可以直接扫货生成面单。

（4）库存维护

库存维护是仓储管理系统自动根据订单及发货等情况对库存进行维护，并考虑库存量及日均销量等信息，结合采购周期自动生成采购建议。

💡 **小提示**

电商公司需要按照步骤有序操作仓储管理系统，如果操作出现混乱，将大大削弱仓储管理系统的使用效果。

10.3.2 建立完善的防盗体系

仓库是存储货物的重地，防盗也是其中一个关键课题。那么，电商公司应该如何建立完善的防盗体系呢？具体措施如图 10-2 所示。

（1）人员安排

人是防盗体系中的关键因素，电商公司要对相关人员进行合理安排。例如，仓库管理员要经过严格考核，非常熟悉货物及仓库的工作流程。

（2）防盗设计

仓库存储的都是贵重或重要的生产货物，对于电商公司的整个供应链非

| 1 | 人员安排 | 2 | 防盗设计 |

| 3 | 安装视频监控设备 | 4 | 自动报警系统 |

| 5 | 日常防盗规范 |

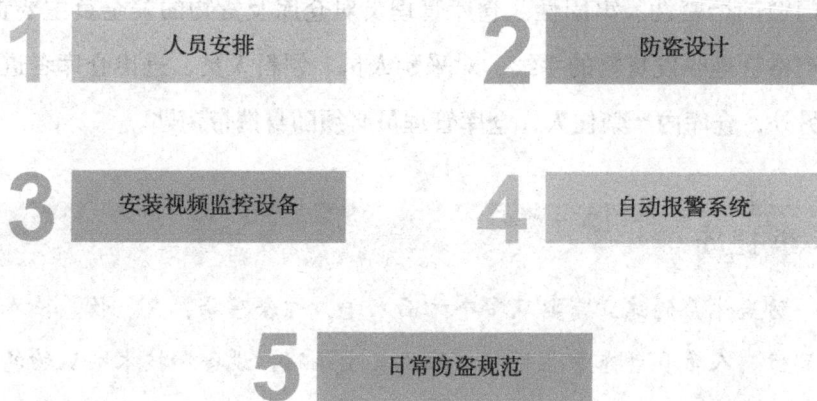

图 10-2　电商公司建立完善的防盗体系的措施

常重要。因此，仓库在设计初期就要考虑到防盗的要求。例如，墙体要坚实，必要时应该加厚；大门使用"明锁＋暗锁"的设置；一层的窗户加防护栏。

此外，在围墙顶端装一些尖锐的丝状物，并贴上警示语，防止盗窃者翻墙进入。仓库的门窗位置要进行加固处理，提高盗窃的难度，增加盗窃的时间成本和风险，以更好地保护仓库内货物和设备的安全。

（3）安装视频监控设备

电商公司应该在仓库内和附近围墙处安装视频监控设备，实现 24 小时监控。而且，无须实时有人看守仓库，因为强大的智能设备可以支持相关人员随时随地查看仓库及其周围的情况。

（4）自动报警系统

一旦有盗窃者行窃，自动报警系统可以自动报警。如果发生火灾，自动报警系统也可以启动应急反应，发出刺耳的声音，自动启动与其相连接的灭火系统，并及时通知相关人员第一时间做好善后工作。

（5）日常防盗规范

相关人员离开仓库后要及时为门窗上锁；仓库管理员要经常巡查仓库，

检查门窗的严密性、牢固性。仓库管理员对仓库及货物的安全负主要责任，必须严格管理收发货物的手续，对采购人员、领料人员、进出仓库者进行登记。另外，仓库内严禁住人，仓库管理员必须随身携带钥匙。

> 💡 **小提示**
>
> 防盗体系的建立需要从多个方面入手，综合布局，人、物、技术都要到位。人负责动态管理货物，防止发生盗窃；设备和技术则从物的角度对货物进行全方位实时监控管理，即使出现问题也会在第一时间反应和处置，进而降低风险和损失。

第 11 章

库存控制：优化库存产品结构

////////////////

　　库存控制是仓储管理的一个重要环节，该环节通过对电商公司的库存水平进行控制，达到降低库存成本、提高物流效率、增强市场竞争力的目的。电商公司如果想控制库存，除了要做好盘点工作以外，还要深入了解库存成本的构成及计算方法。当库存得到控制后，电商公司的现金流会增加，产品的进出数量也会更明晰。

11.1 盘点库存：明晰产品的数量

为了明晰产品的进出数量，电商公司需要对库存进行盘点。那么，电商公司在盘点库存时应该做些什么呢？本节介绍四种盘点方式，分别是定期盘点与抽查相结合、全面盘点与连续盘点相结合、开库盘点与闭库盘点相结合、随机盘点与永续盘点相结合。根据仓库和货物的情况，电商公司可以选择合适的盘点方式，使库存管理更科学，库存记录更准确。

11.1.1 定期盘点与抽查相结合

盘点是定期或临时对货物的实际数量进行清查、清点的过程，其目的是掌握货物的流动情况，对货物的实际数量与账务记录中的数量进行核对，以准确掌握库存。例如，在上个月的盘点中，某件货物剩余 56 件，本月盘点剩余 42 件，实际使用 14 件，账物记录为已经使用 14 件。剩余实物与使用情况相符，此货物的本次盘点结束。

盘点的内容主要包括对货物的数量或种类进行盘点，以及对货物与账本进行核对。电商公司通过盘点不仅可以了解货物的实时动态，控制库存，还可以发现问题并及时处理，尽早采取应急措施。

一般来说，按照时期，盘点可以分为定期盘点、不定期盘点及经常性盘点。

（1）定期盘点

定期盘点是在规定的日期盘点货物，通常会选择在一个单位期间的末期进行。例如，某仓库固定在每月的 27 日—30/31 日对货物进行盘点。从使用的方法来看，定期盘点又可以分为以下三种。

①盘点单盘点法

盘点单盘点法是以盘点单统计盘点结果的方法，该方法可以使操作人员便捷地将盘点结果记录在列表上，但非常容易出现漏盘、重盘、错盘的现象。

②盘点签盘点法

盘点签盘点法采用特别设计的盘点签，操作人员可以将盘点签放置在盘点后的货物上，等到复核无误后将其取下并进行汇总统计。对于货物的盘点与复盘来说，该方法不仅方便，而且精确性比较高。

③料架签盘点法

料架签盘点法主要以原有的料架签为盘点工具，盘点完毕后，操作人员需要将盘点数量填入料架签内。该方法的好处是既方便、快捷，又可以免去设计盘点签的麻烦。

（2）不定期盘点

不定期盘点也叫临时盘点，这种盘点方式并未确定盘点的固定日期，而是在必要时随时进行盘点。通过不定期盘点，电商公司可以及时发现问题，明确经济责任，查明账本与货物是否相符。不定期盘点的范围一般是局部盘点，必要时也可以进行全部盘点。

（3）经常性盘点

经常性盘点通常不设置盘点的日期，而是将盘点穿插在日常业务中每天进行。例如，每天在上午或下午选择一个时间段，用于货物的清理及盘点。

小提示

以上盘点方式是按照时期区分的，无论定期还是不定期或经常性盘点，都有各自的特点。电商公司可以根据仓库的规模、货物的种类及自身的实际需要选择合适的盘点方式，这样有利于更好地掌握库存。

11.1.2　全面盘点与连续盘点相结合

从规模来看，盘点可以分为全面盘点、连续盘点、联合盘点。这三种盘点方式具体应该如何操作呢？

（1）全面盘点

电商公司在进行全面盘点前，首先要制定相应的计划，包括停止出入库、安排相关人员运用节假日进行盘点等。全面盘点的优势是可以对所有货物进行清查。但是，电商公司也要掌握正确的盘点方法，确保实际盘点的时间与账单的标记时间一致。

当然，全面盘点也有自身的局限性，最明显的特征就是必须停止出入库及节假日上班。而且，有时还要增派工作人员协助盘点，否则就无法如期完成。

（2）连续盘点

连续盘点又称为循环盘点，是将仓库分成若干区域，将货物分成若干种类，逐区逐类轮流进行盘点的方式。此外，当某类货物的存量达到最低时，电商公司也需要根据实际情况进行额外盘点。连续盘点可以采用以下三种方法。

①分区轮盘法

由操作人员先将仓库分为若干区域，依序清点。过一段时间再次进行盘点，即从第一区域重新盘点。

②分批分堆盘点法

将记录签放置于透明塑料袋内，挂在货物的包装上，在发料时立即记录，并将领料单副本也存于该透明塑料袋内。在盘点时，还未动用的货物可以认为存量无误；已经动用的货物则需要盘点，并核对记录签与领料单。

③最低存量盘点法

当仓库内的货物达到最低存量或订购点时，及时通知操作人员清点仓库。在盘点后还要开出对账单，以便核查，最终确认误差。

（3）联合盘点

联合盘点就是综合运用各种盘点方法，例如，同时运用全面盘点和定期盘点，或在实行分批分堆盘点法的同时采取分区盘点法。

💡 小 提 示

不同的盘点方法有不同的优势和局限，电商公司可以根据仓库和货物的实际情况进行盘点，争取让盘点的误差更小、效率更高。

11.1.3　开库盘点与闭库盘点相结合

从形式来看，盘点可以分为开库盘点和闭库盘点。开库盘点是指根据货物的入库和出库进行盘点。很多时候，为了消除影响工作的不利因素，以及避免与正常工作发生冲突，电商公司通常会选择在淡季进行开库盘点。这样可以在不关闭工厂与仓库的情况下进行盘点，有利于减少停工造成的浪费，以及领料的不便。

闭库盘点是在盘点前通知所属的用料单位，并在一定期限内将已经开出的拨料单提领完毕。如果有必要，还需要以停工的方式配合闭库盘点。

💡 小提示

　　开库盘点与闭库盘点最直接的区别就是仓库呈开放状态还是关闭状态。这两种盘点形式各有优势：开库盘点不影响仓库的正常运转，货物可以正常入库和出库；闭库盘点则是梳理清楚拨料单的信息，甚至需要关闭仓库进行相关工作。

11.1.4　随机盘点与永续盘点相结合

从应用来看，盘点可以分为随机盘点、永续盘点及年度盘点。

（1）随机盘点

随机盘点是指货物管理部门根据实际需要随时指定某项货物，统计其现有存量，将其作为以后调账的依据。

（2）永续盘点

永续盘点又叫动态盘点，是指货物管理部门依据货物用量分析，排定日程并对所有货物进行分批盘点。如果电商公司选择了这种盘点方式，可以在货物入库时就进行盘点，并对货物的数量和质量进行统一记录。

一般来说，在货物入库前，首先要进行抽检，然后入库上货架。也可以将货物固定在仓库的某个区域内，等到有需求时再盘点。但在这种情况下，如果想查看货物入库时的状态，就必须核对原始入库单，所以会增加盘点的工作量。

有些仓库通过颜色区分货物，对货物进行永续盘点。例如，货物的吊牌用两种颜色标记，一面是红色，另一面是绿色。入库时填红色这面，如果这部分货物一直没动，就一直显示为红色。一旦要取用这部分货物，就填绿色这面。这样在下次盘点时，只要是红色吊牌的货物就不必盘点了，因为未取用过。

这种盘点方式可以减少重复操作，在货物入库时就盘点好。而且，下次盘点的工作量也会减少。所以，永续盘点的好处是随时掌握货物的库存量，化整为零，方便快捷。

（3）年度盘点

年度盘点是指在工厂或仓库已经停止营业和生产的情况下，操作人员将货物置于固定位置进行盘点，并做出结算报告表。这种盘点方式的周期比较长。例如，在一年内对货物进行一次盘点，根据盘点软件自动生成盘点记录，方便后期的核对与复盘。

按照应用区分的盘点方式更侧重对盘点的实际操作及应用技巧。操作人员可以从随机盘点、永续盘点及年度盘点中选择合适的盘点方式盘点仓库的货物，开展良好的库存管理，以保证生产和供应。

从实际的盘点结果来看，没有哪一种盘点方式可以完全确保盘点无误差，关键在于抓住盘点的细节。因此，电商公司要在盘点前做好准备工作，包括确定盘点的流程、时间和方法，以及选择合适的操作人员等。

此外，在盘点期间应该停止休假，并带好盘点表单，对盘点要求、盘点常犯的错误及异常情况处理等要特别注意。

小提示

填写盘点表有利于盘点工作的顺利进行，电商公司在盘点时应该注意采用本章讲述的盘点方式。同时，仓库管理员要做好现场监督，协助盘点，防止出现重复盘点或漏盘的现象，争取将盘点工作完成得更出色。

11.2　如何计算库存成本

除了了解库存成本的构成以外，电商公司也要掌握库存成本的计算方法。比较常用的计算方法有四种，分别是先进先出法、后进先出法、个别计价法及加权平均法。这四种计算方法各有特点，都是从不同的侧重点对库存成本进行计算，其结果也可以在一定程度上反映库存的健康水平。

11.2.1　先进先出法

在计算库存成本时，先进先出法的操作步骤如下：首先，按照存货的单价计算所发存货的成本；然后，按照第一批入库的存货的单价计算所发存货的成本，依此从前向后类推；最后，计算发出存货和结转存货的成本。

例如，假定当前库存为零，10 月 1 日购入 A 产品 100 件，价格为 2 元 / 件；10 月 15 日购入 A 产品 50 件，价格为 3 元 / 件；10 月 23 日销售 A 产品 50 件，则发出价格为 2 元 / 件，成本为 100 元。

按照先进先出法，先入库的货物先取用，期末库存就是入库的货物，因此发出货物是按照先入库货物的价格计算的，也是先购入先销售的方式。假设每次发出的产品都是库存内存放时间最长的产品，期末库存则是最新入库的产品。先入先出法一般适用于先入库必须先发出的产品，例如，对日期要求严格且容易变质的产品。

采用先进先出法计算库存可以逐笔结转，无须计算产品的单价，但工作量比较大。例如，购进批次多但单价各有不同的产品，计算工作就比较复杂。因此，先进先出法比较适合产品种类相对简单的电商公司。

从价格来看，先进先出法适用于价格呈下降趋势的产品。假设入库产品的价格呈略微下降的趋势，那么期末存货余额则可以按照最后的购进价格计算。如果期末存货的购进价格接近或低于当时的市场价格，则该库存成本比较真实地反映了电商公司的资产状况。

基于以上计算，期末存货的账面价格反映的就是最后购进的较低的价格。从谨慎的角度来看，先进先出法可以抵销物价下降的不良影响，减少电商公司的经营风险，进而避免存货资金虚高导致的账面资产虚增。

在实际的库存成本计算中，先进先出法有自身的优势，因为当下的市场经济环境是各种产品的价格总处在动态涨跌中。如果价格上涨过快，先入存货的成本比较低，后入存货的成本比较高。在这种情况下，先入存货的价格就低于市场价格，产品的销售成本偏低，而后入存货的成本偏高。

但是，实际的销售价格与最新的市场价格持平，这样增加了销售额，利润也就偏高，形成虚增利润，进而增加电商公司的税收负担，投资者分红增多。如果电商公司需要融资，那么这样高利润的账面信息无疑会吸引投资者的注意，增强投资者的信心。

虽然先进先出法有好处，但在使用时还是要谨慎，毕竟虚增利润不是真实的账面信息。另外，电商公司在使用先进先出法时要注意一些问题：期末存货的单位成本比较接近市场价格，所以资产负债表可以较真实地反映财务状况。

💡 小提示

虽然先进先出法在实际应用中有很强的便捷性，但也有一定的局限性。例如，当产品的市场价格上涨时，先进先出法的计算结果会高估电商公司的当期利润和库存价值，反之则会低估电商公司的当期利润和库存价值。也就是说，在物价上涨过快的情况下，先进先出法会使电商公司的利润虚增，增加电商公司的税收负担。

11.2.2　后进先出法

后进先出法是根据货物的购进价格计算库存成本的一种方法。电商公司在计算库存成本时应该按照最后一次购进的货物的价格进行计算，当最后一次购进的货物售罄后再按照上一次购进的货物的价格进行计算，以此类推。

以甲货物为例，根据其明细账单信息，该货物的月销量为1 300盒。如果用后进先出法计算该货物的库存成本和期末库存金额，结果是这样的：库存成本 = （300 × 2.80）+ （350 × 2.60）+ （250 × 2.40）+ （200 × 2.20）+ （200 × 2.00）= 840 + 910 + 600 + 440 + 440 = 3 230（元），期末库存金额为 200 × 2.00 = 400（元）。

从上述例子可以看出，后进先出法在购进价格持续上升的情况下计算出来的库存成本是最高成本，而期末库存金额却最低，所以电商公司的毛利润也最少。

后进先出法作为库存成本的计算方法之一，通常以"后入库的货物先发出"为原则。当物价波动比较大时，通过这种计算方法得出的期末库存金额与实际的市场价格偏离较大，无法反映电商公司的库存成本，但可以反映电商公司的损益水平。

与先进先出法相比，在使用后进先出法时，如果物价上涨比较快，那么库存成本会比较高，但毛利润、净收益额都会比较低。所以，电商公司可以在预期存货价格不断上涨时选择后进先出法对库存成本进行计算，以减少递延所得税支出。

当然，后进先出法本身也有一定的局限性。例如，当电商公司的库存品种多、规格杂时，如果使用后进先出法对每一项货物进行计算，那么工作量将非常大，工作内容也比较复杂。特别是当电商公司的盘点方式为永续盘点时，这样的情况会更明显。

另外，后进先出法在清算时一般是期末库存减少，所以电商公司最好保证每年货物的采购量不小于销售量。

💡 小提示

电商公司并不总是需要保持很高的存货量，如果存货量已经很高，而电商公司仍然按照后进先出的计算结果采购大量的货物，那就是不正确的行为。

11.2.3　个别计价法

个别计价法又称为个别认定法、具体辨认法，是指对库存和发出的每一批特定货物的个别成本加以认定的一种方法。个别计价法的公式为"库存成本 = 每批货物的销售量 × 该批货物的实际购进价格"。

例如，某电商公司在当月生产过程中领用甲货物 2 000 件。经确认，其中 1 000 件属于第一批入库，购进价格为 25 元 / 件；另外 700 件属于第二批入库，购进价格为 26 元 / 件；剩余 300 件是第三批入库，购进价格为 28 元 / 件。所以，本月发出的甲货物的成本应该是 $25 \times 1\,000 + 26 \times 700 + 28 \times 300 = 51\,600$ 元。这种计算方法得出的结果比较准确，但工作量比较大，适用于采购批次少且比较清晰的货物。

如果选择个别计价法，财务部门应该根据采购批次设置明细账，业务部门应该在发货单上注明采购批次，仓库应该根据采购批次分别堆放产品。

电商公司在使用个别计价法时需要按照存货的类型逐个进行记录，辨别各批发出存货和期末存货所属的采购批次或生产批次。此外，电商公司还需要根据存货购入或生产时确定的单位成本计算期末存货成本。

也就是说，在个别计价法下，存货的成本流转与实物流转是一致的。个别计价法的优点是发出存货的成本与期末存货的成本比较准确，合乎事实。不过，该方法也有自身的局限性，最明显的缺点就是工作量比较大。

💡 **小 提 示**

结合个别计价法的优缺点，该方法适用于识别度高、品种和数量都不多且单位成本比较高的货物，如名画、奢侈品、名品珠宝等。

11.2.4 加权平均法

加权平均法是指以每次进货的成本加上原有存货的成本，除以每次进货的数量与原有存货的数量之和，得出加权平均单位成本，并以此为基础计算当月发出存货的成本和期末存货的成本的一种方法。

加权平均法的具体公式如下。

$$加权平均单价 = \frac{本次收入前存货金额 + 本次收入存货金额}{本次收入前存货数量 + 本次收入存货数量}$$

$$本批次发出存货成本 = 本批次发出存货数量 \times 存货当前平均单价$$

根据 A 产品的销售与库存的明细资料，运用加权平均法计算该产品的库存成本，如表 11-1 所示。

表 11-1 当月进货后的平均单价

日期	进货后平均单价（元）
10 月 11 日	（700+760）/（200+500）= 2.09
10 月 18 日	（1 240+700）/（500+400）= 2.16
10 月 26 日	（1 394+830）/（450+500）= 2.34
10 月 30 日	（1 973+810）/（800+350）= 2.42
备注	以上最终结果四舍五入，取小数点后两位

按照销售时的加权平均单价计算当月各批次产品的库存成本，分别如下：

10 月 11 日库存成本 = 400（盒）× 2.09 = 836（元）

10 月 18 日库存成本 = 350（盒）× 2.16 = 756（元）

10 月 26 日库存成本 = 500（盒）× 2.34 = 1 170（元）

10 月 30 日库存成本 = 450（盒）× 2.42 = 1 089（元）

所以，10 月的库存成本合计为 836 + 756 + 1 170 + 1 089 = 3 851（元）。

💡 **小提示**

　　加权平均法统计出的库存成本相对准确，但工作量也比较大，适用于种类较少或入库前后单价相差较大的产品。

11.3　控制库存成本，增加现金流

　　对于电商公司来说，库存成本的投入虽然不可避免，但可以采取一些措施予以控制，使其维持在合理的范围。在控制库存成本方面，有以下三项比较不错的措施：一是变革生产形式，拉动与推动并行；二是减少不可用库存；三是动态补货，按需增加库存。如果电商公司将这三项措施执行下去，就可以在一定程度上降低库存成本。

11.3.1　变革生产形式，拉动与推动并行

　　库存成本是电商公司的一项必不可少的开支。但是，如果管理不当，造成的浪费会使库存成本直线上升，而生产效率往往没有同步增长。所以，电商公司希望能够有效控制库存成本，这时就需要采取一些行之有效的措施。

　　一些电商公司的自营产品少则几十种，多则成千上万种。而且，在大多数情况下，这些电商公司无须也不可能为所有产品储备货物。因此，电商公司的首要任务就是精准确定货物，在具体操作时可以使用拉动式库存管理模式和推动式库存管理模式。

　　在推动式库存管理模式下，电商公司通过控制生产，可以基本保证生产计划按时、按量、按质完成，员工只须关注自己负责的工序即可。因为推动

式库存管理模式中的各道工序相对独立，所以处在生产线上的半成品的存量会比较大。

以推动式库存管理模式进行生产活动，电商公司需要根据市场需求和客户要求对产品进行逐步分解，然后将生产任务传递到各个生产部门。从电商公司的角度来看，这种模式是将部门已经完成的产品交由下一个部门再生产，一步步推动下去，从而推动整个生产流程。但是，推动式库存管理模式也有一定的局限性，容易造成生产资源的浪费和货物的堆积。

拉动式库存管理模式是根据需求或订单进行生产，特点是市场供需关系的工序化，即以外部的需求为驱动力，促进产品的生产和供应。准时生产（JIT）和看板管理系统就符合拉动式库存管理模式的要求。

小提示

准时生产由被誉为"生产管理的教父"的大野耐一提出。大野耐一创造了后工序到前工序取件的流程，使推动式生产变成了拉动式生产。在准时生产下，最后一道工序可以直接带动上一道工序的运转，从而消除了多余的库存。看板管理系统是在各个部门之间传递并运营每道工序的工具。

11.3.2　减少不可用库存

虽然在大多数情况下，出现库存不可避免，但不是所有的库存都可以发挥作用，满足生产或销售的需求。在库存成本中，这些不可用库存同样会占据一定的比例。因此，降低库存成本的有效措施就是减少不可用库存。电商公司在具体操作时可以从以下三种库存入手。

（1）在途库存

在途库存对于减少不可用库存的意义主要在于缩短交货时间。从供应商将货物运输到电商公司的交货地点的时间应该尽可能缩短。电商公司需要根据货物的实际情况选择合适的运输方式，主要是看货物的体积、重量和价格等要素。在通常情况下，价格高且体积、重量比较小的货物会优先选择空运，反之则更适合陆运。

当然，在途库存的减少也要看运输时间的长短，以及对库存的影响。电商公司需要综合各种因素对运输方式做出选择，否则很难达到理想的效果。特别是在国际采购中，电商公司要尽可能减少在途库存成本，这也是提高库存利用率的有效措施。

除了运输方式以外，在途库存的减少也要看交货地点的选择，因为电商公司与交货地点的距离会直接影响库存水平。一般来说，电商公司与交货地点的距离越短，交货时间就越短，库存量也会越低。

（2）预留库存

在减少不可用库存方面，预留库存的主要作用是控制交货环节。整批交货可以大大降低库存水平，同时也对电商公司提出了更高的要求。所以，电商公司在接收此类订单时必须十分谨慎。如果供应商确实需要整批供货，电商公司就要协调各部门的工作进度，还要与供应商做好交流和沟通，这样可以大大降低预留库存。

（3）淤滞库存

在实际操作中，电商公司可以通过合适的商务政策减少淤滞库存的产生。例如，从生产线开始优化管理，制定合适的生产方案，缩短运输时间，以减少淤滞库存；以先进先出的原则处理货物，多措并举，减少淤滞库存。

💡 小提示

　　如果电商公司想减少不可用库存，就应该从多个方面入手，包括货物交接时间、运输方式、交货方式及淤滞库存的预防和处理等。库存成本的控制和减少就是在生产、销售的各个环节中实现的。

11.3.3　动态补货，按需增加库存

　　在控制库存成本方面，选择合适的补货方式也是一种行之有效的办法。仓库的补货系统是库存成本的构成部分之一，合理的补货会给库存成本控制带来一定的好处。如今，补货系统面临的首要任务是什么时候补货，以及每一次补多少货的问题。电商公司可以通过定量补货法和动态补货法控制库存成本。

　　定量补货法是指当某种货物的库存量达到预先设定的水平时便立即进行补货的方法。例如，当某种货物的库存量低于 200 件时，补货系统就会提示仓库管理员需要补货。如果客户对交货要求不严格且有长期需求，而供应商的交货情况比较好，货物的单价较稳定，就可以采用定量补货法。这种方法也有其局限性，那就是因为操作简单，所以对安全库存量的要求比较高。

　　相对于定量补货法，动态补货法对电商公司管理者的要求比较高。该方法通过现有库存及未来一段时期的需求预测以实现货物数量的平衡。电商公司管理者需要根据预测的结果决定当前是否应该补货。

　　如果货物的需求不稳定，那么电商公司管理者可以依靠不定期预测提高结果的可靠性。当产品的单价比较高时，动态补货法是一个非常不错的选择，但其缺点是仓库管理较复杂。

无论是定量补货法，还是动态补货法，都有自身的优势和局限性，电商公司可以根据货物的不同和库存的实际情况进行选择。

💡 **小 提 示**

一般来说，A 类货物适合采用动态补货法，即特别重要的货物；C 类货物适合采用定量补货法，即不重要的货物。此举可以使电商公司将更多的时间和精力放在管理重要的货物上，进而提高交货率，减少库存，最终达到控制库存成本的目的。

第 12 章

供应链管理：采购要有全局观

////////////

　　电商公司在进行采购时不能只注重眼前的利益，还要具有全局观。电商公司应该以采购的产品为基础，通过规范的采购流程与供应商建立良好的合作关系，最终形成稳定、优质的供应链。同时，随着电商行业的不断发展，传统的供应链也在不断更新，电商公司要了解供应链的变化，紧跟时代的潮流。

12.1 电商时代，供应链有哪些更新

随着工业互联网、大数据等技术的发展和应用，与其息息相关的供应链也在不断更新。这里所说的更新主要表现在生产模式的变革、大数据的广泛应用等方面。

12.1.1 生产模式的变革

当前，数字化技术不断发展，其在商业领域的渗透也在逐渐加深，智能化生产成为现实，这为供应链的转型提供了契机。在传统的商业模式中，销售数据和经验是主要的决策依据。在智能化生产的过程中，随着人工智能、算法模型的逐渐成熟，决策变得更科学。物联网在生产领域的应用将带来供应链生产模式的大变革，实现全渠道、全流程、全时空的连接。这种变革主要体现在以下 3 个方面，如图 12-1 所示。

（1）数字化工厂建设

智能化生产是以生产环节的智能化为核心、以数据传输为基础、以数字为驱动力的生产模式。数字化工厂也因此成为现实，其实质是打通生产、销售、物流、服务等各环节的数据，实现更科学的决策与业务流程优化，进而促进资源的合理配置。数字化生产涉及的数据主要包括生产数据、产品数据及供应链数据。

图 12-1　供应链生产模式变革的表现

①生产数据包括产品生产运行相关数据、质量数据及库存数据等。

②产品数据主要是指产品生命周期数据。由于产品数据是实时自动采集的，因此产品生命周期数据是可以追溯的。

③供应链数据包括供应链上下游实现协同生产产生的一系列数据。

数字化工厂的建设意味着供应链将变得更敏捷，能够及时收集各种数据，调整生产策略，使生产更科学。

（2）挖掘买家数据，规模化定制

挖掘买家数据的目的是了解买家，在此基础上进行定制化生产。电商公司可以通过满足买家需求减少中间环节，进而降低成本。

例如，某电商公司就根据买家需求采购产品。买家可以选择产品的款式、型号、颜色并下单，电商公司会收集、统计这些数据，并联系供应商进行生产。从买家下单到产品出库，在短短几天内便可以完成，能够实现按需生产和零库存。

这种大规模定制的生产模式具有敏捷生产和柔性生产的特点，能够形成电商公司的竞争优势。同时，在对这种基于规模化定制的供应链进行管理时，最重要的就是打通买家、电商公司及供应商之间的数据流通渠道。

（3）供应链平台

除了基于规模化定制的供应链以外，一些供应链平台也纷纷出现。供应链平台能够汇集供应商，提供多种产品的生产，并基于垂直行业提供服务。其优势是能够实现供应链的综合管理，降低电商公司的管理成本，提高收益。

小 提 示

供应链生产模式的变革是技术发展的必然趋势，电商公司必须了解并紧跟这个趋势，依托各种技术进行供应链管理。

12.1.2　大数据的广泛应用

当前，随着信息化技术的应用，运营中产生的数据迅速增多，数据分析对电商公司的指导作用也越来越明显。同时，大数据等技术已经逐渐成熟并应用于众多领域。在供应链领域，大数据的作用越来越明显，主要表现在以下几个方面。

（1）预测

大数据能够实现精确的需求预测。需求预测是供应链的源头，其灵敏度会影响电商公司的库存策略和采购策略。电商公司需要通过大数据分析，并结合历史数据制定科学的需求预测计划。

（2）资源获取

大数据能够快速、透明地寻找货源与采购。借助大数据，电商公司能够对供应商的产品匹配性、产品质量、产品运输及存储状况、产品交货期等方面的数据进行收集和分析，以便更快、更好地做出决策。

（3）协同效率

大数据能够提高电商公司与供应商协同合作的效率，实现电商公司需求信息、库存信息与供应商生产信息的交互。这样能够大大提高电商公司的订单处理效率和供应链运作效率。

（4）库存优化

成熟的补货和库存协调机制能够避免库存积压，降低库存成本。通过对需求变动、安全库存水平、最大库存设置、采购数量及采购变动等方面的数据进行分析，电商公司可以优化库存结构，提升采购计划的精准性。

（5）物流效率

电商公司可以建立高效的运输与配送中心，通过大数据分析进行运输管理，实现业务流程的可视化，提高对业务风险的管控力，改善服务品质。

（6）风险预警

大数据可以应用于供应链的风险预测。例如，通过大数据进行风险预测能够在问题出现前就规划好解决方案，降低风险对经营与盈利的影响。

同时，大数据也可以应用于质量风险控制。例如，大数据系统能够通过生产线上的传感器获得生产的实时数据，并据此控制产品的质量、判断设备的运行状况、对风险进行预测。这样电商公司就可以提前进行设备维护，保证生产安全。

💡 小提示

要想让大数据发挥作用，电商公司就需要借助大数据部署先进的供应链管理系统，将产品数据、交易数据及供应商数据等存储起来用于提升供应链效率，控制产品质量，预测并降低风险。

12.1.3　基于电商的供应链体系

在供应链方面，电商公司应该有自己的战略。与传统的供应链相比，现代化的供应链有所不同，电商公司更适合后者。为了打通采购、生产、销售等环节，电商公司应该建立现代化的供应链体系，具体可以从以下几个方面入手，如图 12-2 所示。

图 12-2　建立现代化供应链体系的技巧

（1）多款少量

买手制可以实现多款少量的目标。例如，有些电商公司开拓了很多品类，目标群体几乎涵盖了各个年龄段，买手制可以为其提供众多品牌的新款产品，而且采购量不必太多。这种做法的优势是多款少量，可以更好地满足买家的个性化需求。

（2）快速返单

柔性供应链有利于电商公司实现快速返单。很多电商公司有自主研发的系统，可以与供应商无缝对接。通过这个系统，电商公司只要接到返单就可以立即开始生产产品，这也是柔性供应链的优势之一。

在移动互联网时代，柔性供应链能够充分适应多款少量的定制化生产。

对于电商公司来说，通过对柔性供应链进行探索和优化，实现 95% 的售罄率不会太困难。

（3）灵活性

现在，电商公司能够以小批量的定制化生产与供应商合作，达到"市场需要什么就生产什么产品、市场需要多少就生产多少产品"的目标。这种根据市场情况进行量化生产的模式具有很强的灵活性，可以帮助电商公司控制成本与库存。

苏宁公司合作的供应商多达上万家。对于苏宁来说，现代化的供应链体系是提升核心竞争力的关键因素。为此，苏宁不断提高物流效率，降低交易成本，确保产品流转的准确率，加快供应商的响应速度，这样有利于增强供应链的灵活性。苏宁与供应商之间的供应链包含很多方面，如销售需求管理、采购管理、订单跟踪、物流管理、库存状态及资金结算等。

灵活、全面的供应链体系是苏宁与供应商之间的纽带。供应商可以实时掌握产品的销售状态，分析相关数据，在第一时间自动响应来自苏宁的订单。这样显著提高了苏宁的供应链管理水平，降低了订单成本与交易成本，使人力效率有了大幅度提升。

虽然大多数电商公司在综合实力上不如苏宁，但通过苏宁的成功可以知道，现代化的供应链是电商时代的"武器"，会影响经营质量和整体成本。因此，电商公司应该从多款少量、灵活性、与供应商密切合作等方面不断优化自己的供应链。

小提示

电商公司要想实现产品的可持续销售，完善供应链体系，就要满足买家和市场的需求，同时还要与供应商建立良好的关系。

12.2 电商时代，供应链将如何发展

当前，大数据、人工智能等技术逐渐成熟，在供应链领域的应用也越来越广泛。未来，在众多先进技术的支持下，供应链将向着可视化、全球化的方向发展，智慧供应链也会逐渐形成。对于电商公司来说，这是非常难得的机会。

12.2.1 电商需要可视化的供应链

移动互联网的发展实现了物与物之间的连接，也推动了物联网的进步。当物联网得到应用后，"物联网+"得以形成，其发展能够推动供应链的可视化，这种供应链正是电商行业需要和追求的。

什么是供应链的可视化？从电商公司与上下游的关系来看，供应链的可视化体现在需求侧、计划、组织内部及供给侧四个方面；从数据来看，供应链的可视化表现为实时数据的可视化、历史数据的可视化、未来数据的可视化。

（1）需求侧的可视化

需求侧的可视化包括需求预测的可视化、需求交付的可视化、买家状态的可视化。随着物联网的发展，供应链的参与者能够汇聚到一个平台上，数据也能够实现融合，从而使电商公司更好地识别买家的个性化需求。

（2）计划的可视化

计划的可视化包括需求计划的可视化、历史生产计划的可视化、生产计划的可视化、具体执行情况的可视化。计划的可视化能够实现需求与供给的平衡。电商公司可以对需求计划和生产计划进行分析，从而实现需求与供给的平衡。

（3）组织内部的可视化

组织内部的可视化非常重要，表现在不同部门之间的可视化、计划和执行的可视化、意外事件处理的可视化等多个方面。

（4）供给侧的可视化

供给侧的可视化包括生产能力的可视化、生产流程的可视化、库存的可视化、设备状态的可视化等。在供应链上游，任何方面的变化都会影响产品的交付；在生产环节，设备故障、生产延迟也会影响交付。供给侧的可视化可以使供应链的参与者提前预测交付是否会延迟，以便及时制定应对措施。

（5）实时数据的可视化

在供应链融入大数据、人工智能、物联网等技术后，设备数据、产品数据、订单数据都可以实时获取。实时数据的可视化是个性化生产的基础。

（6）历史数据可视化

在供应链的一些环节中，只有在特殊条件下才能发现产品的缺陷。当发现产品的缺陷时，电商公司就需要对生产的历史数据进行追溯，通过对历史数据的查询、分析可以追溯产品的状态，还可以通过大数据得出结论。

（7）未来数据的可视化

在大规模定制产品的过程中，买家需要了解何时可以实现交付。大数据则能够根据订单量、原材料库存、产能状况让这个问题有确切的答案，进而帮助电商公司调整和优化生产计划。

小提示

供应链的可视化能够为电商公司的决策提供依据，降低决策的风险。当供应商的生产或运输出现问题时，电商公司也能够及时制定应对措施，降低损失。

12.2.2 电商带动智慧供应链发展

随着大数据、物联网等新技术的发展，智慧供应链将逐渐形成。智慧供应链是依托物联网和现代供应链管理理论，在电商公司和供应商之间构建的供应链。其核心是使供应链的参与者在信息流、物流、资金流等方面实现无缝对接，消除信息不对称带来的影响，进而提高效率。与传统的供应链相比，智慧供应链具有以下特点。

（1）技术的渗透性更强

智慧供应链的参与者会系统地采用物联网、互联网、人工智能等技术，实现供应链管理的革新。

（2）可视化的特征更明显

智慧供应链能够通过图片、视频等可视化形式表现数据，采用智能化手段访问数据。

（3）信息的整合性更强

借助信息网络，智慧供应链能够帮助供应链的参与者整合和共享信息。

（4）协作性更强

在高度整合的信息机制下，供应链的参与者能够更好地了解其他参与者的信息，并随时与上下游联系，针对市场变化做调整。

对于电商公司而言，智慧供应链能够实现供应链全球化管理并降低运营风险。

首先，智慧供应链使信息共享成为现实，各参与者可以随时沟通。这样一来，供应链具有良好的延展性，运作效率就不会因为供应层级的增加而降低，在全球化扩展的过程中也不出现运作效率降低的问题。

在传统的供应链中，各参与者之间的沟通方式是点对点的，但随着供应层级的增加，这种沟通方式难以应对更复杂的信息"轰炸"。智慧供应链能够对信息进行整合，打破各参与者之间的沟通障碍，使电商公司高效处理信息，实现全球化管理。

其次，智慧供应链的整合性、可视性等特点使电商公司能够实时准确地了解供应链参与者的生产及销售情况，保证自己与上下游之间的协作，合理规划生产计划和库存水平。因此，智慧供应链能够从全局的角度将电商公司的运营风险降到最低。

💡 **小 提 示**

　智慧供应链的形成是大势所趋，能够极大地提升电商公司的竞争力。为了实现长久发展，电商公司要积极拥抱技术、勇于尝试，在革新中不断进步。

12.2.3 供应链日趋全球化

在经济全球化的浪潮下，国际市场竞争日益激烈，这对电商公司的发展提出了挑战。各电商公司单打独斗的情况已经成为过去，取而代之的是由供应商和经销商组成的供应链与供应链之间的竞争，或者跨国集团与跨国集团之间的竞争。

供应链日趋全球化要求电商公司进行全球化供应链管理，即以全球化的观念将供应链延伸至世界范围，全面了解世界各地的买家需求，同时合理协调、控制和优化供应链管理方案。电商公司在进行全球化供应链管理时应坚持三个原则，即买家驱动供应链、供应链活动一体化、供应链必须有灵活的反应机制。

（1）买家驱动供应链

电商公司要想建立竞争优势，必须以买家为核心开展工作。随着电商公司的经营范围从国内市场扩展到国际市场，买家也会不断增多。在这种情况下，电商公司需要了解更多的买家，为其生产更好、更符合需求的产品。

在传统运营中，很多电商公司采用由里及外的思维对待买家，认为成本和效率比服务更重要，从而会优先考虑内部运作，而不是需求。在这种观念的支配下，电商公司会提供相同的产品给所有的买家，以降低成本。

全球化供应链的管理观念与传统供应链的管理观念截然相反，要求电商公司将买家作为运营的核心，以服务买家为最终目的。电商公司需要提供多样化的产品满足买家的不同需求，同时还需要控制成本、提高效率。

如今，电商公司的服务成本正在随着买家的增多而发生变化。针对需求复杂、成熟的买家，电商公司需要提供高成本、高价格的服务；针对需求简单的买家，电商公司需要提供低成本、低价格的服务。

（2）供应链活动一体化

在以前的供应链管理中，单个的物流功能和区域效率是电商公司追求的目标，但这未必能够提升整个供应链的效率。现在的供应链管理能够实现交易活动一体化，电商公司也应该实现供应链的一体化。

首先，电商公司必须建立全面的销售网络，降低销售成本；其次，电商公司要与供应链的上下游共同协商经营计划并进行风险预测。

（3）供应链必须有灵活的反应机制

由于市场的快速变化是常态，因此供应链必须有灵活的反应机制。灵活的反应机制表现在以下两个方面。

第一，灵活的组织架构。电商公司需建立灵活的组织架构，保证不同环节的工作人员能够通力合作，应对市场的变化。

第二，灵活的人力资源模式。电商公司需要使工作人员理解不同的买家及其需求之间的差异，接受工作的多样化并掌握多种技能。

💡 小提示

在供应链全球化的趋势下，电商公司需要有全球化的观念，通过供应链的快速运作及时满足不同买家的个性化需求。